essentials

essentials liefern aktuelles Wissen in konzentrierter Form. Die Essenz dessen, worauf es als „State-of-the-Art" in der gegenwärtigen Fachdiskussion oder in der Praxis ankommt. *essentials* informieren schnell, unkompliziert und verständlich

- als Einführung in ein aktuelles Thema aus Ihrem Fachgebiet
- als Einstieg in ein für Sie noch unbekanntes Themenfeld
- als Einblick, um zum Thema mitreden zu können

Die Bücher in elektronischer und gedruckter Form bringen das Fachwissen von Springerautor*innen kompakt zur Darstellung. Sie sind besonders für die Nutzung als eBook auf Tablet-PCs, eBook-Readern und Smartphones geeignet. *essentials* sind Wissensbausteine aus den Wirtschafts-, Sozial- und Geisteswissenschaften, aus Technik und Naturwissenschaften sowie aus Medizin, Psychologie und Gesundheitsberufen. Von renommierten Autor*innen aller Springer-Verlagsmarken.

Weitere Bände in der Reihe https://link.springer.com/bookseries/13088

Stefan Georg

Möglichkeiten zur E-Learning-gestützten Lehre

Anwendung am Beispiel des Fachs Kostenrechnung

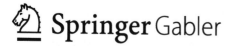 Springer Gabler

Stefan Georg
Quierschied, Deutschland

ISSN 2197-6708   ISSN 2197-6716 (electronic)
essentials
ISBN 978-3-658-36820-3   ISBN 978-3-658-36821-0 (eBook)
https://doi.org/10.1007/978-3-658-36821-0

Die Deutsche Nationalbibliothek verzeichnet diese Publikation in der Deutschen Nationalbibliografie; detaillierte bibliografische Daten sind im Internet über http://dnb.d-nb.de abrufbar.

Planung/Lektorat: Vivien Bender
Springer Gabler ist ein Imprint der eingetragenen Gesellschaft Springer Fachmedien Wiesbaden GmbH und ist ein Teil von Springer Nature.
Die Anschrift der Gesellschaft ist: Abraham-Lincoln-Str. 46, 65189 Wiesbaden, Germany

Was Sie in diesem *essential* finden können

- Gliederung von Lehrveranstaltungen mittels Roadmaps
- Einsatz von selbsterstellten Lernvideos in der Lehre
- Nutzungsmöglichkeiten von Übungsaufgaben mit Musterlösungen und Übungsaufgaben mit individuellem Feedback
- Erstellung und Verwendung von Learning Snacks in der Lehre
- Gamification der Lehre mittels Quizfragen

Vorwort

Das Lehrkonzept für das Lehrgebiet der Kostenrechnung im Bachelorstudien-gang Wirtschaftsingenieurwesen an der htw saar basiert auf selbstständigem, aber durch das Dozierendenteam dauerhaft geführtem Erarbeiten und Üben der Lehrin-halte über das E-Learning-System der htw saar. Begleitet wird der Prozess durch einen verbindlichen Arbeitsplan, selbst erstellte Lernvideos, Literaturhinweise, Übungsaufgaben, wöchentliche Feedbackveranstaltungen, Einsendeaufgaben mit individuellem Feedback sowie in den Kurs integrierten Learning Snacks. Durch das Zusammenspiel aus selbstständigem Lernen der Studierenden und regel-mäßigen Feedbackveranstaltungen des Dozierendenteams verbesserten sich die Prüfungsergebnisse deutlich. Das Lehrkonzept wurde am 01.12.2021 im Rahmen des Tags der Lehre an der Hochschule für Technik und Wirtschaft des Saarlandes erfolgreich vorgestellt.

Stefan Georg

Inhaltsverzeichnis

Abbildungsverzeichnis

Der Anfang von allem 1

1.1 Plötzlich ist alles anders

Bereits vor der Pandemie hat sich die Hochschule für Technik und Wirtschaft des Saarlandes, an der der Autor in der Fakultät Wirtschaftswissenschaften lehrt, dazu entschlossen, ein Moodle-basiertes E-Learning-System aufzubauen.[1] Dies hat sich während der Pandemie als eine sehr glückliche Entscheidung herausgestellt, mussten die Dozierenden doch im Frühjahr 2020 quasi von heute auf morgen von Präsenzlehre auf Online-Lehre umstellen.[2]

Auch die Schulen standen vor der Herausforderung, kurzfristig die klassische Lehre in den Schulkassen vor Ort durch Maßnahmen zum Homeschooling zu ersetzen. Und der Autor weiß aus eigenen Erfahrungen, dass dies in den Schulen nicht durchgängig geglückt ist. Das mag einerseits daran liegen, dass sich so manche Lehrperson auch 2020 und 2021 noch damit überfordert sah, den Computer für die Lehre zu nutzen, andererseits beschränkt sich die IT-Unterstützung der Lehrenden in und von Schulen auf ein Minimum. Meist gibt es in deutschen Schulen überhaupt kein hauptamtliches Personal, das sich um Computertechnik und -anwendungen kümmert. Stattdessen sind Lehrende stark auf sich alleine gestellt. An einer Hochschule ist das schon anders. Zumindest an der Hochschule für Technik und Wirtschaft des Saarlandes gibt es ein kleines IT-Team, das sich ausschließlich um die Belange rund um das E-Learning-Angebot der Hochschule kümmern kann.[3]

---

[1] Hochschule für Technik und Wirtschaft des Saarlandes (2019). Onlinequelle.

[2] Hochschule für Technik und Wirtschaft des Saarlandes (2021a). Onlinequelle.

[3] Hochschule für Technik und Wirtschaft des Saarlandes (o. J. a). Onlinequelle.

© Der/die Autor(en), exklusiv lizenziert durch Springer Fachmedien Wiesbaden GmbH, ein Teil von Springer Nature 2022
S. Georg, *Möglichkeiten zur E-Learning-gestützten Lehre*, essentials, https://doi.org/10.1007/978-3-658-36821-0_1

Natürlich gibt es auch in Schulen erfreuliche Beispiele. So manche Lehrperson hat eine große Zahl von Stunden investiert, um sich in das Thema Online-Lehre einzuarbeiten. Online zu unterrichten ist sicherlich mehr als das Streaming von Lehrveranstaltungen, die im Klassenraum einer Schule oder Vorlesungssaal einer Hochschule gehalten werden. Die Digitalisierung hält auch dauerhaft Einzug in die Lehre.[4] Und es gilt, sie gemeinsam zu gestalten.[5] Aber was passiert nach der Pandemie? Sind dann alle neu erworbenen Kenntnisse wieder überflüssig? Auf keinen Fall! In diesem Buch wird der Autor anhand eines konkreten Beispiels aufzeigen, wie es möglich ist, auch ohne Pandemie eine E-Learning-gestützte Lehre anzubieten, ohne dabei auf die Vorteile von Präsenzveranstaltungen verzichten zu müssen.

1.2   Das Beispiel zur Kostenrechnung

Die Möglichkeiten zur Nutzung von E-Learning-Komponenten in der Lehre werden anhand eines konkreten Beispiels aufgezeigt. Dabei handelt es sich um eine Lehrveranstaltung zur Kostenrechnung,[6] einem Teilgebiet des Rechnungswesens, im Rahmen des Bachelorstudiengangs Wirtschaftsingenieurwesen an der htw saar. Laut Studien- und Prüfungsordnung handelt es sich um ein Fach des dritten Studiensemesters, d. h. die Studierenden haben bereits erste betriebswirtschaftliche Kenntnisse erworben, sind aber noch nicht sehr tief in die Inhalte der Betriebswirtschaftslehre eingestiegen.[7] Insofern sollten auch die Inhalte zur Kostenrechnung, sofern sie für dieses Buch eine Rolle spielen, für die Leserschaft gut zu verstehen sein.

Konzipiert ist das Lehrprogramm für einen Stundenumfang von 60 Unterrichtsstunden, wovon in der Studienordnung 30 h im Format Vorlesung und 30 h im Format Übung ausgewiesen sind. Die Vorlesung konzentriert sich stärker auf die Vermittlung der theoretischen Grundlagen, die Übung auf das Lösen von Aufgaben. Tatsächlich sind Vorlesung und Übung an der htw saar miteinander verzahnt, sodass eine einzelne Unterrichtsstunde immer sowohl Vorlesungs-

---

[4] Zu den Auswirkungen der Digitalisierung auf die Lehre siehe auch Gloerfeld, C. (2020). Auswirkungen von Digitalisierung auf Lehr- und Lernprozesse.

[5] Hochschulforum Digitalisierung (Hrsg.) (2021). Digitalisierung in Studium und Lehre gemeinsam gestalten.

[6] Georg, S. (o. J. a). Onlinequelle.

[7] Hochschule für Technik und Wirtschaft des Saarlandes (o. J. b). Onlinequelle.

als auch Übungskomponenten enthalten kann, was sich in der Regel als didaktisch sinnvoll erweist. In der Alt-Welt der reinen Präsenzlehre sind immer zwei Unterrichtsstunden zu einer Lehreinheit zusammengefasst, sodass es insgesamt 30 Lehreinheiten zu jeweils 90 min gibt, von denen pro Veranstaltungswoche während eines Semesters 2 Lehreinheiten in den Stundenplan integriert sind.[8] Werden dagegen E-Learning-Komponenten genutzt, kann von dieser strengen zeitlichen Regelung abgesehen werden. Das Fach schließt mit einer Klausur ab, die in der Regel in den ersten fünf Wochen nach dem Veranstaltungszeitraum stattfindet.

Im Beispielkurs zur Kostenrechnung engagieren sich drei Dozierende in der Lehre, die alle über eine langjährige Lehrerfahrung im Bereich des Rechnungswesens verfügen.

- Prof. Dr. Stefan Georg als Modulverantwortlicher lehrt seit 2000 an der htw saar unter anderem in den Bereichen Kostenrechnung, Business Planning, Controlling und Kostenmanagement bzw. Webbasiertes Wissensmanagement.[9] Er engagiert sich zudem in der Selbstverwaltung der Hochschule als Prüfungsausschussvorsitzender für die berufsbegleitenden und berufsintegrierenden Studiengänge der Hochschule und als ASW-Koordinator im Rahmen des Angebotes der dualen Studiengänge in Zusammenarbeit mit der Akademie der Saarwirtschaft.
- Alexander Hamman arbeitet seit 2012 als Lehrkraft für besondere Aufgaben an der htw saar. Dabei lehrt er technisch-wirtschaftliche Fächer, hauptsächlich in den Studiengängen zum Wirtschaftsingenieurwesen. Herr Hamman absolvierte an der htw saar den Studiengang Wirtschaftsingenieurwesen in Bachelor und Master mit den Schwerpunkten Energie(-wirtschaft) und Informatik.[10]
- Stefanie Scherer (Diplom-Betriebswirtin (FH), Bankkauffrau) unterrichtet seit über 10 Jahren als Lehrkraft für besondere Aufgaben an der htw saar Veranstaltungen wie Marketing, Allgemeine BWL, Buchführung oder Kostenrechnung. Sie engagiert sich vor allem in Studiengängen zum Wirtschaftsingenieurwesen, ist aber auch in den Studiengängen zur Betriebswirtschaftslehre aktiv.[11]

---

[8] Georg, S. (o. J. b). Onlinequelle.

[9] Hochschule für Technik und Wirtschaft des Saarlandes (o. J. c). Onlinequelle.

[10] Hochschule für Technik und Wirtschaft des Saarlandes (o. J. d). Onlinequelle.

[11] Hochschule für Technik und Wirtschaft des Saarlandes (o. J. e). Onlinequelle.

Seit fast 10 Jahren arbeitet das Dozierendenteam in mehreren Veranstaltungen zusammen – stets mit dem Ziel, den Studierenden bestmöglich ihr Wissen weiterzugeben. Gemeinsam haben Sie die Idee einer E-Learning-gestützten Lehre an der Hochschule für Technik und Wirtschaft des Saarlandes umgesetzt.

Das grundsätzliche Lehrkonzept

2

2.1 Roadmap

„Sage es mir, und ich werde es vergessen. Zeige es mir, und ich werde es vielleicht behalten. Lass es mich tun, und ich werde es können." (Konfuzius).

Bereits vor fast 2500 Jahren war Konfuzius davon überzeugt, dass „machen" die besten und am längsten anhaltenden Lernergebnisse hervorbringt. Basierend auf diesem Grundgedanken wurde die Veranstaltung Kostenrechnung im Bachelorstudiengang Wirtschaftsingenieurwesen der htw saar von der klassischen Vorlesung mit eingebauten Übungen und dominantem Frontalunterricht auf **selbstständiges, geführtes Erarbeiten der Lehrinhalte mit dauerhafter und intensiver Betreuung** angepasst,[1] welches sowohl als Präsenzlehre als auch als E-Learning-Konzept umgesetzt werden kann. Nachfolgende Ausführungen machen das grundsätzliche Lehrkonzept deutlich, unabhängig davon, ob E-Learning-Komponenten genutzt werden.

Die im Fach Kostenrechnung zu erarbeitenden Lerninhalte werden von Beginn an in einer Art **Roadmap** kommuniziert und den Studierenden zur Verfügung gestellt. Diese Roadmap enthält die Eingrenzung auf ausgewählte fachliche Bereiche (basierend auf der Moduldatenbank) in Form von.

- Leitfragen,
- zugehörige Übungsaufgaben sowie
- einem Zeitplan, bis zu welchem konkreten Termin welches Thema vorbereitet/erarbeitet sein muss.[2]

---

[1] Georg, S. (o. J. b). Onlinequelle.

[2] Georg, S. (o. J. b). Onlinequelle.

© Der/die Autor(en), exklusiv lizenziert durch Springer Fachmedien Wiesbaden GmbH, ein Teil von Springer Nature 2022
S. Georg, *Möglichkeiten zur E-Learning-gestützten Lehre*, essentials, https://doi.org/10.1007/978-3-658-36821-0_2

Ein solches Konzept wird in der Schule im Regelfall nicht kommuniziert. Meist werden Schülerinnen und Schüler von den Lehrinhalten „überrascht". Zwar gibt es in allen Bundesländern in Deutschland verbindliche Lehrpläne für den Unterricht, die aber in der Regel nicht in ein Roadmap-ähnliches Konzept überführt werden. Dies ist in Teilen durchaus nachvollziehbar, da im Schulunterricht nicht immer genau vorhergesagt werden kann, welche Schulstunden im Laufe des Schuljahres (z. B. aufgrund von Wandertagen, pädagogischen Tagen etc.) ausfallen, und zudem ist oft unklar, wie viel Zeit zur Vermittlung des Lehrstoffs tatsächlich benötigt wird, um möglichst vielen Schülerinnen und Schülern die Gelegenheit zu geben, den Lehrinhalt auch korrekt zu erfassen. Dennoch sollte es prinzipiell möglich sein, zumindest einen groben Plan für das Schuljahr zu erarbeiten, da trotz aller Widrigkeiten des täglichen Unterrichts der Lehrplan ja eine gewisse Verbindlichkeit besitzt.

▷ **Tipp** Studierende und Schüler bzw. Schülerinnen sind es gewohnt, durch eine Lehrveranstaltung geführt zu werden. Mit der Roadmap erleichtern Sie ihnen somit das Zurechtfinden im Kurs erheblich.

Um sich ein Bild von Roadmap machen zu können, sind nachfolgend deren Bestandteile beispielhaft für das Fach Kostenrechnung dargestellt.

2.2 Fachliche Themenbereiche

Die Lerninhalte des Faches Kostenrechnung lassen sich in einzelne Kapitel bzw. Module gliedern, die in der folgenden Aufzählung zusammengestellt sind:

- Modul 1: Was sind Kosten?
- Modul 2: Aufgaben und Teilgebiete des Rechnungswesens
- Modul 3: Grundprinzipien der Kostenverrechnung
- Modul 4: Einteilung der Kostenrechnungssysteme
- Modul 5: Kostenartenrechnung
- Modul 6: Kostenstellenrechnung
- Modul 7: Kostenträgerrechnung
- Modul 8: Deckungsbeitragsrechnung
- Modul 9: Prozesskostenrechnung
- Modul 10: Plankostenrechnung und Abweichungsanalyse

Die Vermittlung der Lerninhalte verteilt sich über einen Zeitraum von 15 Veranstaltungswochen. Damit erstrecken sich einzelne Module über lediglich eine Veranstaltungswoche, andere dagegen über zwei Wochen.

▷ **Tipp** Eine Aufteilung des Lehrstoffs in kleinere Kapitel ermöglicht eine übersichtliche Umsetzung der Lerneinheiten im E-Learning-Kurs.

2.3 Leitfragen

Statt Studierenden die Aufgabe zu erteilen „Erarbeiten Sie sich für nächste Woche die Kostenartenrechnung" grenzen die **Leitfragen** den zu erarbeitenden Themenraum weiter ein und geben eine vorab geplante und didaktisch sinnvolle Lernrichtung vor. Oftmals sind diese Leitfragen als offene Fragen formuliert, worauf es keine (gute) Ein-Satz-Antworten gibt. Gleichzeitig wird versucht, die Fragen so zu stellen, dass nicht immer direkt (in 5 min) über eine Google-Suche ein perfekter Treffer zu finden ist. Dieses Vorgehen soll die Studierenden dazu bewegen, nicht nur einen Buchabsatz zu lesen, sondern bei einem Thema auch über den Tellerrand hinaus zu schauen und verwandte Inhalte zu sichten.

Die nachfolgende Aufzählung zeigt die Lernfragen in den einzelnen Kapiteln bzw. Modulen des Faches.

Modul 1: Was sind Kosten?
Leitfragen und Lernziele:

1. Welche Strömungsgrößen gibt es, und wie sind diese definiert?
2. Welche Beispiele für Strömungsgrößen kennen Sie?
3. Welche Strömungsgrößen finden in der Liquiditätsplanung/-rechnung und welche in der Erfolgsplanung/-rechnung (insb. Kostenrechnung) Berücksichtigung?
4. Wie lassen sich neutraler Aufwand und kalkulatorische Kosten abgrenzen?
5. Welche Arten von neutralem Aufwand und kalkulatorischen Kosten kennen Sie?
6. Welche Beispiele können Sie für neutralen Aufwand und für kalkulatorische Kosten geben?

Modul 2: Aufgaben und Teilgebiete des Rechnungswesens
Leitfragen und Lernziele:

7. Was versteht man unter dem Rechnungswesen?
8. Aus welchen (zahlreichen) Teilgebieten setzt sich das betriebliche Rechnungswesen zusammen?
9. Welche Aufgaben werden vom Rechnungswesen allgemein übernommen?
10. Wie können Sie speziell die Aufgaben des internen Rechnungswesens beschreiben?

Modul 3: Grundprinzipien der Kostenverrechnung
Leitfragen und Lernziele:

11. Welche Verrechnungsprinzipien von Kosten werden unterschieden, und welches ist das dominierende Verrechnungsprinzip, um die Kostenarten den Kostenträgern zuzuordnen?
12. Wie lassen sich variable und fixe Kosten definieren?
13. Welche Rolle spielen die variablen und die fixen Kosten bei der Anwendung der Verrechnungsprinzipien?
14. Welche Beispiele kennen Sie für variable und für fixe Kosten?
15. Welche Konsequenzen hinsichtlich der Verrechnung von Fixkosten ergeben sich aus den einzelnen Verrechnungsprinzipien?

Modul 4: Einteilung der Kostenrechnungssysteme
Leitfragen und Lernziele:

16. Was sind Ist-Kostenrechnungen?
17. Was sind Plan-Kostenrechnungen?
18. Was sind Vollkostenrechnungen?
19. Was sind Teilkostenrechnungen?
20. Kosten lassen sich nach verschiedenen Kriterien kategorisieren. Welche Kriterien gibt es, und welche Kostentypen resultieren aus diesen Kriterien?

Modul 5: Kostenartenrechnung
Leitfragen und Lernziele:

21. Welche Aufgaben erfüllt die Kostenartenrechnung?
22. Auf Basis welcher Bezugsgrößen können Kostenarten-Kategorien gebildet werden?

23. Für welche Teilrechnungen werden diese Kostenarten-Kategorien benötigt?
24. Wie ist ein Kostenartenplan aufgebaut?
25. Welche Kostenarten machen in vielen Unternehmen typischerweise einen Großteil der Kosten aus?
26. Mit welchen Methoden werden die Materialkosten berechnet?
27. Wie kann bei der Materialkostenrechnung der Materialverbrauch bestimmt werden?
28. Wie kann bei der Materialkostenrechnung der Preis für das verbrauchte Material bestimmt werden?
29. Aus welchen Komponenten setzen sich die Personalkosten zusammen?
30. Wie hoch sind die Personalkosten für eine 450 Euro-Kraft?
31. Wie leitet sich aus dem Bruttoentgelt das Nettoentgelt ab?
32. Wie werden Dienst- oder Fremdleistungskosten berechnet?
33. Welche Arten von kalkulatorischen Kosten gibt es?
34. Welche Besonderheiten weisen die kalkulatorischen (ohne Berücksichtigung der Abschreibungen) Kosten auf?
35. Wodurch entstehen kalkulatorische Abschreibungen?
36. Welche Möglichkeiten gibt es, die kalkulatorischen Abschreibungen zu berechnen, und wie funktionieren diese Methoden?
37. Wie wird das betriebsnotwendige Kapital berechnet?
38. Wie berechnet man die kalkulatorischen Zinsen?

Modul 6: Kostenstellenrechnung
Leitfragen und Lernziele:

39. Was sind Kostenstellen, und wie werden diese gebildet?
40. Welche Arten von Kostenstellen gibt es?
41. Welche Ziele verfolgt die Kostenstellenrechnung?
42. Wie ist der Betriebsabrechnungsbogen aufgebaut?
43. Welche Kostenschlüssel gibt es, und wozu werden diese benötigt?
44. Welche Rechenschritte werden innerhalb der Kostenstellenrechnung und des Betriebsabrechnungsbogens durchgeführt?
45. Auf welche Arten kann die innerbetriebliche Leistungsverrechnung durchgeführt werden?
46. Wie funktioniert das Anbauverfahren?
47. Wie funktioniert das Stufenleiterverfahren?
48. Wie funktioniert das Gleichungsverfahren?
49. Wie werden die Kalkulationssätze zur Verrechnung der Gemeinkosten gebildet?
50. Welche Probleme ergeben sich aus dieser Art der Gemeinkostenverrechnung?

Modul 7: Kostenträgerrechnung
Leitfragen und Lernziele:

51. Was versteht man unter der Kostenträgerrechnung, und welche Grundformen gibt es?
52. Welche Kalkulationsmöglichkeiten bestehen, und welche Voraussetzungen an den Leistungsprozess sind damit verbunden?
53. Wie funktioniert die Divisionskalkulation?
54. Wie läuft die Äquivalenzziffernkalkulation ab?
55. Wie funktioniert eine Kuppelkalkulation?
56. Welche Formen der Zuschlagskalkulation gibt es, und wie funktionieren diese?
57. Wie läuft eine Handelskalkulation ab?
58. Wie lassen sich Preise kalkulieren?
59. Welche Probleme ergeben sich bei der Kostenträgerstückrechnung?
60. Wie funktioniert die Kostenträgerzeitrechnung?
61. Wie lässt sich das Umsatzkostenverfahren umsetzen?
62. Wie funktioniert das Gesamtkostenverfahren?

Modul 8: Deckungsbeitragsrechnung
Leitfragen und Lernziele:

63. Was versteht man unter einem Deckungsbeitrag?
64. Welche grundsätzlichen Aufgaben übernimmt die Deckungsbeitragsrechnung?
65. Wie ist eine einstufige Deckungsbeitragsrechnung aufgebaut?
66. Wie ist eine mehrstufige Deckungsbeitragsrechnung aufgebaut?
67. Welche Anwendungen für Deckungsbeitragsrechnungen gibt es?
68. Wie funktioniert eine Gewinnschwellenanalyse?
69. Wie wird die Wirtschaftlichkeit von (Zusatz-)Aufträgen berechnet?
70. Wie kann mit der Deckungsbeitragsrechnung das Produktionsprogramm optimiert werden?

Modul 9: Prozesskostenrechnung
Leitfragen und Lernziele:

71. Was versteht man unter der Prozesskostenrechnung?
72. Welche Ziele werden mit der Prozesskostenrechnung verfolgt?
73. Wie läuft eine Prozesskostenrechnung in groben Zügen ab?
74. Wie werden die Prozesskosten bestimmt?
75. Was sind Kostentreiber?

76. Was sind lmi-Prozesse, was sind lmn-Prozesse, und welche Beispiele dafür kennen Sie?
77. Wie werden die Prozesskostensätze auf Teilkostenbasis bestimmt?
78. Wie werden die Prozesskostensätze auf Vollkostenbasis bestimmt?
79. Welche Unterschiede bestehen hinsichtlich der Verrechnung der Gemeinkosten bei einer Prozesskostenrechnung im Vergleich zu einer klassischen Kalkulation?

Modul 10: Plankostenrechnung und Abweichungsanalyse
Leitfragen und Lernziele:

80. Was versteht man unter der Plankostenrechnung?
81. Welche Ziele und Aufgaben werden mit der Plankostenrechnung verfolgt?
82. Welche Charakteristika weist die starre Plankostenrechnung auf?
83. Welche Formen der flexiblen Plankostenrechnung gibt es, und worin bestehen die Unterschiede?
84. Wie funktionieren die Rechnungen innerhalb der einzelnen Formen der Plankostenrechnung?
85. Welche Bestandteile der Abweichungsanalyse sind von besonderer Bedeutung?
86. Wie berechnet man die Verbrauchsabweichung?
87. Wie berechnet man die Beschäftigungsabweichung?
88. Wie bestimmt man die Gesamtabweichung?

▶ **Tipp** Die Formulierung der Lerninhalte in Form von Fragen vermittelt den Kursteilnehmern und -teilnehmerinnen einen guten Überblick über die Themen, die von ihnen zu bearbeiten sind.

2.4 Übungsaufgaben

Die Übungsaufgaben erstrecken sich über sämtliche Themengebiete der Kostenrechnung. Teilweise handelt es sich – thematisch bedingt – um Aufgaben, deren Lösung verbal oder durch begriffliche Zuordnungen zu formulieren ist. Oftmals gibt es aber auch Aufgaben, die eine Rechnung erforderlich machen. Für jeden Typ sei an dieser Stelle jeweils ein Beispiel aufgeführt.

Beispiel für eine Aufgabe mit begrifflichen Zuordnungen
Beschreiben Sie

Ein- und Auszahlungen, Einnahme und Ausgabe, Aufwand und Erträge sowie Kosten und Betriebserträge der folgenden Sachverhalte:

a) Zugang und Bezahlung von Vorräten im Wert von 100 €, die in der betreffenden Periode verbraucht werden
b) Verbrauch von bisher unbezahlten Hilfsstoffen im Wert von 200 €, die in der letzten Periode zugingen
c) Rückzahlung eines Darlehens in Höhe von 5000 €, das zu einem früheren Zeitpunkt aufgenommen wurde
d) Verbrauch von Büromaterial im Wert von 30 € in der Periode der Anschaffung
e) Krediteinkauf von Rohstoffen im Wert von 2000 €
f) Sofortabschreibung eines geringwertigen Wirtschaftsgutes im Wert von 80 €
g) Vermögensverlust durch Überschwemmung in Höhe von 12.000 €
h) Verkauf einer Maschine für 800 € und damit 300 € unter ihrem Buchwert von 1100 €
i) Spende an das Rote Kreuz über 70 €
j) Investition in ein neues Verwaltungsgebäude in Höhe von 300.000 €

Beispiel für eine Aufgabe, die rechnerisch zu lösen ist
Ermitteln Sie die jährlichen Abschreibungsbeträge und die Restbuchwerte nach der

- linearen,
- geometrisch-degressiven und
- arithmetisch-degressiven

Abschreibungsmethode bei Anschaffungskosten von 84.000 €, einer geplanten Nutzungsdauer von 4 Jahren und einem Liquidationserlös von 44.000 €.
In einigen Fällen lassen sich auch Aufgaben formulieren und integrieren, für die eine Wahr-Falsch-Entscheidung (Multiple-Choice) zu treffen ist.
Beispiel für eine Multiple-Choice Aufgabe (hier: Auswahl auch den Antwortmöglichkeiten wahr oder falsch):
Prüfen Sie, welche der folgenden Aussagen wahr und welche falsch sind.
Das Verursachungsprinzip

a) besagt, dass einem einzelnen Kostenträger nur jene Kosten zugerechnet werden dürfen, die dieser durch seine Erstellung verursacht hat.
b) wird bei Anwendung des Durchschnittsprinzips durchbrochen.
c) führt bei konsequenter Anwendung zu einer Teilkostenrechnung.

d) beinhaltet das Tragfähigkeitsprinzip als Spezialfall.

e) ist im Mehrprodukt-Betrieb überhaupt nicht anwendbar.

f) versagt bei der Verrechnung von Fixkosten auf die Kostenträger.

> **Tipp** In E-Learning-Systemen lassen sich in der Regel zu den Aufgaben auch die Lösungen formulieren, die erst dann sichtbar werden, wenn eine Lösung zur Aufgabe eingegeben wurde. So ist dann eine automatische Erfolgskontrolle möglich.

2.5 Zeitplan

Im Zeitplan ist für die Studierenden genau ersichtlich, in welcher Woche welches Thema zu bearbeiten ist. Dabei ist zu erwähnen, dass das Dozierendenteam davon ausgeht, dass die Studierenden die entsprechenden Lehrinhalte selbstständig vorbereiten und damit auch vorbereitet zur Lehrveranstaltung erscheinen, unabhängig davon, ob diese online oder vor Ort stattfindet. Auch für den Fall des klassischen Frontalunterrichts ist ein entsprechender Zeitplan nutzbar. Nachfolgendes Beispiel zeigt den Zeitplan der Lehrveranstaltung als Präsenzlehre aus dem Wintersemester 2019/2020 für den Zeitraum bis zu den Weihnachtsferien:

1. Veranstaltung: GEORG
Donnerstag, 24.10.2019
Einführungsveranstaltung
Hinweis: In dieser Vorlesungswoche findet keine weitere Veranstaltung statt!
Selbststudium: **Beschaffung der Literatur** und Vorbereitung von Modul 1

2. Veranstaltung: GEORG
Donnerstag, 31.10.2019
Thema: Modul 1: Was sind Kosten? Abgrenzung der Strömungsgrößen
Frage 1 bis 3, Aufgabe 1, 2 und 3
https://www.wiin-kostenmanagement.de/grundlagen-kostenrechnung/
https://www.wiin-kostenmanagement.de/definition-von-kosten/

3. Veranstaltung: HAMMAN
Dienstag, 05.11.2019 bzw. Mittwoch, 06.11.2019
Thema: Modul 1: Was sind Kosten? Abgrenzung neutraler Aufwand/kalkulatorische Kosten
Frage 4 bis 6, Aufgabe 4, 5

https://www.wiin-kostenmanagement.de/neutraler-aufwand-kalkulatorische-kosten/

4. Veranstaltung: GEORG
Donnerstag, 07.11.2019
Thema: Modul 2: Aufgabe und Teilgebiete des Rechnungswesens
Frage 7 bis 10, Aufgabe 6, 7
https://www.wiin-kostenmanagement.de/aufgaben-und-teilgebiete-des-rechnu
ngswesens/

5. Veranstaltung: HAMMAN
Dienstag, 12.11.2019 bzw. Mittwoch, 13.11.2019
Thema: Modul 3: Grundprinzipien der Kostenverrechnung
Frage 11 bis 15, Aufgabe 8, 9
https://www.wiin-kostenmanagement.de/verrechnungsprinzip-der-kostenrec
hnung/

6. Veranstaltung: GEORG
Donnerstag, 14.11.2019
Thema: Modul 4: Einteilung der Kostenrechnungssysteme
Frage 16 bis 20, Aufgabe 10, 11, 12
https://www.wiin-kostenmanagement.de/kostenrechnungssysteme/

7. Veranstaltung: HAMMAN
Dienstag, 19.11.2019 bzw. Mittwoch, 20.11.2019
Thema: Modul 5: Kostenartenrechnung: Systematisierung der Kostenarten
Frage 21 bis 25, Aufgabe 13, 14, 15, 16
https://www.wiin-kostenmanagement.de/kostenartenrechnung/

8. Veranstaltung: GEORG
Donnerstag, 21.11.2019
Thema: Modul 5: Kostenartenrechnung: Erfassung der Materialkos-
ten/Werkstoffkosten, Erfassung der Personalkosten, Erfassung von Dienstleis-
tungskosten/Steuern
Frage 26 bis 32, Aufgabe 17, 18, 19, 20
https://www.wiin-kostenmanagement.de/materialkosten/
https://www.wiin-kostenmanagement.de/personalkosten/

9. Veranstaltung: HAMMAN
Dienstag, 26.11.2019 und Mittwoch, 27.11.2019
Thema: Modul 5: Kostenartenrechnung: Grundlagen der kalkulatorischen
Kosten, Erfassung der kalkulatorischen Abschreibungen

Frage 33 bis 36, Aufgabe 21, 22
https://www.wiin-kostenmanagement.de/kalkulatorische-kosten/

10. Veranstaltung: GEORG
Donnerstag, 28.11.2019
Thema: Modul 5: Kostenartenrechnung: Erfassung weiterer kalkulatorischer Kosten (Wagnisse, Eigenkapitalverzinsung, kalk. Unternehmerlohn, kalk. Miete)
Frage 37 bis 38, Aufgabe 23, 24, 25
https://www.wiin-kostenmanagement.de/kalkulatorische-kosten/

11. Veranstaltung: HAMMAN
Dienstag, 03.12.2019 und Mittwoch, 04.12.2019
Thema: Modul 6: Kostenstellenrechnung: Zielsetzung, Kostenstellendefinition, Kostenstellenarten, Gliederungssystematik, Betriebsabrechnungsbogen Aufbau und Arbeitsschritte, Wahl der Kostenschlüssel
Frage 39 bis 44
https://www.wiin-kostenmanagement.de/kostenstellenrechnung/
https://www.wiin-kostenmanagement.de/betriebsabrechnungsbogen-bab/

12. Veranstaltung: HAMMAN
Donnerstag, 05.12.2019
Thema: Modul 6: Kostenstellenrechnung: Zielsetzung, Kostenstellendefinition, Kostenstellenarten, Gliederungssystematik, Betriebsabrechnungsbogen Aufbau und Arbeitsschritte, Wahl der Kostenschlüssel
Aufgabe 26, 27
https://www.wiin-kostenmanagement.de/kostenstellenrechnung/
https://www.wiin-kostenmanagement.de/betriebsabrechnungsbogen-bab/

13. Veranstaltung: SCHERER
Dienstag, 10.12.2019 und Mittwoch, 11.12.2019
Thema: Modul 6: Kostenstellenrechnung: Innerbetriebliche Leistungsverrechnung: Anbauverfahren, Stufenleiterverfahren, Gleichungsverfahren
Frage 45 bis 50, Aufgabe 28, 29, 30, 31
https://www.wiin-kostenmanagement.de/innerbetriebliche-leistungsverrechnung/

14. Veranstaltung: HAMMAN
Donnerstag, 12.12.2019
Thema: Modul 7: Kostenträgerrechnung: Grundlagen Kostenträgerstückrechnung, Überblick Kalkulationsmethoden, Einstufige und mehrstufige Divisionskalkulation

Frage 51 bis 53, Aufgabe 32, 33, 34
https://www.wiin-kostenmanagement.de/kalkulation/
https://www.wiin-kostenmanagement.de/divisionskalkulation/

15. Veranstaltung: SCHERER
Dienstag, 17.12.2019 und Mittwoch, 18.12.2019
Thema: Modul 7: Kostenträgerrechnung: Äquivalenzziffernkalkulation
Frage 54, Aufgabe 35, 36, 37
https://www.wiin-kostenmanagement.de/aequivalenzziffernkalkulation/

16. Veranstaltung: HAMMAN
Donnerstag, 19.12.2019
Thema: Modul 7: Kostenträgerrechnung: Kuppelkalkulation mit Äquivalenz-
ziffern, Kuppelkalkulation mit Restwertmethode
Frage 55, Aufgabe 38, 39, 40
https://www.wiin-kostenmanagement.de/kuppelkalkulation/
Sie können im Zeitplan erkennen, dass für jeden Veranstaltungstermin

- das Mitglied des Dozierendenteams genannt ist, welches die Lehre an diesem
  Tag gestalten wird,
- das Thema der Lehrveranstaltung benannt ist,
- die jeweiligen Leitfragen und Übungsaufgaben aufgeführt sind und
- Hinweise zu einer Onlinequelle gegeben sind, welche die Studierenden nutzen können, um sich erstmalig mit den Lehrinhalten in kompakter Form zu
  beschäftigen.

> **Tipp** Anstatt konkrete Zeitpunkt als Daten zu nennen, ist auch die
> Angabe von Veranstaltungswochen oder kurzer Zeiträume denkbar.
> Das schafft mehr Spielräume, sollte zu Beginn nicht eindeutig geklärt
> sein, wie viel Zeit ein Thema in Anspruch nimmt. Gerade in Schu-
> len mit überdurchschnittlich hohen Ausfallzeiten von Unterricht ist
> die Angabe kurzer Zeiträume sinnvoll, um den Zeitplan nicht ständig
> überarbeiten zu müssen.

Mögliche E-Learning-Komponenten 3

3.1 Das Problem von Selbstorganisation und Motivation

Ist eine Lehre in Präsenz vor Ort nicht möglich, wie es während der Pandemie vielfach der Fall war/ist, muss ein Ersatzkonzept gefunden werden, wie
der Lehrinhalt an die Lernenden (Studentinnen und Studenten sowie Schülerinnen und Schüler) transferiert werden kann. Viele Betroffene haben in den
letzten beiden Jahren beklagt, dass eine Live-Übertragung des Unterrichts mittels
einer geeigneten (Konferenz-)Software sehr schnell zu Ermüdungserscheinungen
und Konzentrationsmängeln bei Lehrenden und Lernenden führt.[1] Sechs oder
gar acht Unterrichtsstunden vor dem Computer, Tablet oder Smartphone stellen
keine geeignete Möglichkeit dar, den notwendigen Lehrstoff zu vermitteln oder
zu erfassen. Hier braucht es Alternativen, die zwangsweise dazu führen, dass die
Lernenden mehr Selbstorganisation und Motivation mitbringen müssen.[2] Doch
genau das fällt vielen Schülerinnen und Schülern sowie Studierenden schwer, vor
allem auch deshalb, weil sie es schlichtweg nicht gewohnt sind. Im Unternehmen
nennt man diesen Effekt dann später auch gerne Praxisschock, wenn Berufsein-
steiger plötzlich acht Zeitstunden am Tag und vor allem auch über weite Strecken
am Stück arbeiten müssen (oft gibt es nur eine Mittagspause), ohne dass jemand
neben oder vor einem steht und zum Arbeiten anhält.

---

[1] Kuhn (2021). Onlinequelle.

[2] Bohlken (2018). Onlinequelle.

Doch wie kann der Übergang zu mehr Eigeninitiative und Selbstlernphasen gelingen? Einerseits bietet die zuvor bereits beschriebene Roadmap hier eine erste Unterstützung, denn sie strukturiert den Lehr- und Lernprozess eindeutig. Außerdem kann sie nicht nur für Präsenzlehrveranstaltungen, sondern auch für das Lernen zu Hause genutzt werden. Der Vorteil der Roadmap liegt darin, dass die Lernenden immer genau sehen können, an welchem Punkt des Gesamtlehrprogramms sie sich befinden und welche konkreten Aufgaben von ihnen zu bewältigen sind. Das schafft mehr Transparenz im Lehr- und Lernprozess und sorgt auch für mehr Befriedigung, Aufgaben (erfolgreich) bearbeitet zu haben. Andererseits muss der klassische Frontalunterricht reduziert und durch alternative Lehrformen ersetzt werden. Dazu bieten sich beispielsweise die folgenden Komponenten an:

- Einsatz von Lernvideos
- Nutzung von Übungsaufgaben mit Musterlösung
- Integration von Übungsaufgaben mit individuellem Feedback durch die Lehrenden
- Verwendung von kleinen Lernhäppchen
- Einsatz von Quiz-Tools

Die genannten Komponenten werden Ihnen nachfolgend vorgestellt.

3.2 Lernvideos

Auf den ersten Blick klingt der Einsatz von Lernvideos anspruchsvoll – und zwar vor allem für die Lehrenden. Entweder müssen sie nach geeigneten Lernvideos suchen, die für die Verwendung in Schule oder Hochschule freigegeben sind, oder aber sie erstellen die Lernvideos selbst. Letzteres ist heute technisch vergleichsweise einfach möglich. An der Hochschule für Technik und Wirtschaft des Saarlandes steht dazu den Lehrenden die Software Camtasia® des Unternehmens TechSmith zur Verfügung.[3] Mit ihr ist es nicht nur möglich, ein Video aufzunehmen, sondern auch noch professionell aufzubereiten. Doch ist die Aufbereitung wirklich nötig? Im Unterricht versprechen sich die Lehrenden auch einmal, stellen Inhalte vielleicht einmal umständlich und ganz selten sogar einmal fehlerhaft dar, denn auch sie sind nicht perfekt. Die Erwartungshaltung der

---

[3] Techsmith (o. J.). Onlinequelle.

Lernenden sollte also nicht unglaublich hoch sein, und deshalb kann sich wirklich jeder an die Erstellung eines Lernvideos trauen.

> **Tipp** Man muss nicht zum Moderator für Funk und Fernsehen ausgebildet sein, um ein Lernvideo aufzuzeichnen. Menschliche Züge (wie ein Verhaspeln) machen das Video sogar eher authentischer. Perfektionismus hinsichtlich der Präsentation ist also gar nicht erforderlich.

Mit Camtasia® ist es beispielsweise möglich, den gesamten Computerbildschirm oder eine Präsentation mit der Präsentationssoftware Microsoft PowerPoint aufzuzeichnen, sodass nur die Präsentationsunterlagen (oder der Computerbildschirm) zu sehen und die Stimme der/des Präsentators zu hören sind. Die Dozierenden sind nur dann über eine Webcam zu sehen, wenn sie das auch wünschen und entsprechend einstellen.

> **Tipp** Wenn Sie sichtbar in die Kamera sprechen, erzeugen Sie mehr persönliche Nähe zu Ihrer Zuhörerschaft. Andererseits können sich die Lernenden besser auf die Lehrinhalte konzentrieren, wenn sie nur diese auf dem Bildschirm sehen. Es gibt also nicht das Nur-so-ist-es-richtig. Letztlich können Sie hier Ihre persönlichen Präferenzen umsetzen.

Es zeigt sich darüber hinaus, dass es sinnvoll ist, kurze Lernvideos aufzunehmen, die eine Dauer von nur wenigen Minuten haben.[4] Einerseits ist es dadurch möglich, dass die Konzentration der Lernenden beim Betrachten des Videos hoch bleibt. Andererseits lässt sich ein kurzes Lernvideo auch mehrfach aufzeichnen, wenn man selbst mit dem Inhalt, der Qualität der Erklärungen oder der verwendeten Sprache nicht einverstanden ist. So kann man auf zeitintensive Videobearbeitung verzichten und verliert durch die Mehrfachaufnahme nur wenig Zeit. Übrigens, Sie werden erstaunt sein, dass Sie für den Lehrinhalt, den Sie sonst in den Lehrveranstaltungen in 15 min erklären, bei der Aufnahme eines Lernvideos oft nur fünf bis acht Minuten benötigen – und dennoch ist alles Wichtige gesagt. Vielleicht macht auch gerade das den Charme einer Präsenzveranstaltung aus, denn „die Prosa" zwischen den eigentlichen Inhalten fehlt beim Lernvideo meist. Auf der anderen Seite: Wenn Sie die Lernvideos in einer E-Learning-Umgebung bereitstellen, können sich die Lernenden das Video mehrfach anschauen. Wer ansonsten im Unterricht einmal abgelenkt ist oder

---

[4] Zu den Vor- und Nachteilen von Lernvideos siehe auch: Learnattack (o. J.). Onlinequelle.

nicht aufpasst, hat die Gelegenheit zur Wissensaufnahme verpasst. Diese Wiederholungsmöglichkeit ist sicherlich ein ganz großer Vorteil des Einsatzes von Lernvideos.

> **Tipp** Wenn Sie eine Präsentation aufzeichnen, gestalten Sie diese
> möglichst einfach mit wenigen Begriffen auf einer Präsentationsseite.
> Die Videos werden von den Lernenden oft auf mobilen Endgeräten
> mit vergleichsweise kleinen Bildschirmen betrachtet. Wenn eine Präsentationsseite zu voll ist, kann sie dann nicht mehr gelesen werden.
> Deshalb sollten die Seiten zumindest auf einem Tablet gut lesbar sein.

3.3   Übungsaufgaben mit Musterlösungen

Im Rahmen von Lehrveranstaltungen ist es häufig so, dass die Dozierenden Übungsaufgaben erst einmal vorrechnen, bevor Sie den Lernenden die Aufgabe übertragen, entsprechende Übungen selbstständig zu bearbeiten. Für den Einsatz des E-Learnings in der Lehre bietet es sich an, für solche Erst-Aufgaben Musterlösungen vorzubereiten. Das kann in schriftlicher Form erfolgen, aber natürlich auch über die Aufnahme eines Lernvideos.

Für den Fall der schriftlichen Form ist zu beachten, dass die Musterlösung so erklärt wird, dass sie die Lernenden auch verstehen können. Es genügt dann nicht, den kürzesten aller Lösungswege darzustellen. Vielmehr muss die eigentliche Lösung um Kommentare oder Erläuterungen ergänzt werden. Dennoch bietet auch die schriftliche Form der Musterlösung Vorteile. Denn sie leitet die Lernenden dazu an, sich selbstständig mit der Fragestellung zu beschäftigen, da es in vielen Fällen notwendig sein wird, die Lösung zu durchdenken. Und damit erwerben sie eine Kompetenz, die im beruflichen Leben und im persönlichen Alltag unverzichtbar geworden ist.

> **Tipp** Geben Sie nicht zu jeder Übungsaufgabe gleich eine Muster-
> lösung an. Musterlösungen verleiten die Lernenden zu schnell dazu,
> in die Lösung zu schauen, anstatt sich eigene Gedanken zu machen.
> Ganz ohne Aufgaben mit Musterlösungen fühlen sich die Lernen-
> den andererseits möglicherweise alleine gelassen. Auf die Mischung
> kommt es letztlich an.

3.4 Übungsaufgaben mit individuellem Feedback

Tatsächlich ist es wichtig, dass die Lernenden auch einmal Aufgaben völlig selbstständig bearbeiten. Prinzipiell sind solche Aufgaben üblicherweise in den Präsenzunterricht integriert. Doch Lehrende wissen, nicht immer beteiligen sich alle Lernenden gleichermaßen an diesen Aufgaben, so manche schalten da auch in den Präsenz-Lehrveranstaltungen einmal ab.

Wenn es der zeitliche Einsatz der Dozierenden ermöglicht, können sie entsprechende Feedback-Aufgaben in das Lehrprogramm integrieren. In diesen Fällen müssen die Lernenden die Aufgaben selbstständig lösen und ihre Lösung dann (im Idealfall über das E-Learning-Tool) den Lehrenden zur Korrektur bzw. zum Feedback zur Verfügung stellen. Prinzipiell ersetzt diese Vorgehensweise die Hausaufgabenkontrolle in der Schule, die auch dort oft viel Zeit in Anspruch nimmt.

> **Tipp** Mit Satzbausteinen, die Sie häufiger verwenden können, lässt sich hier viel Korrekturzeit einsparen, denn so mancher Fehler wiederholt sich immer wieder. Dann muss man die Antwort nicht jedes Mal neu formulieren, sondern kann auf die Satzbausteine zurückgreifen.

Für die Lernenden sind solche Feedback-Aufgaben in E-Learning-gestützten Konzepten besonders wertvoll. Denn im Unterschied zur Präsenzlehre fällt es ihnen jetzt schwerer, sich nicht am Lösen der Übungsaufgaben zu beteiligen, da sie wissen, dass die Lehrpersonen genau sehen können, wer Aufgaben gelöst hat und wer nicht. Das erhöht die Hemmschwelle, einfach einmal nichts zu tun. Gleichzeitig wird der Trainingseffekt für die Studierenden und die Schülerschaft gestärkt. So sind sie letztlich sogar oftmals besser auf die Prüfung vorbereitet als in der analogen Alt-Welt der Lehre.

> **Tipp** Manche E-Learning-Systeme ermöglichen es, sogenannte Badges zu verleihen. Wenn Sie eine solche Auszeichnung als „aktiver Teilnehmer" bzw. „aktive Teilnehmerin" vergeben, kann das die Motivation zum Lösen der Aufgaben noch erhöhen.

Und wenn die Gruppe insgesamt überschaubar groß ist, wird den Dozierenden auch auffallen, wenn identische Lösungen abgegeben werden. Allerdings ist es grundsätzlich auch möglich, dass die Dozierenden Team-Arbeit in kleinen Gruppen ausdrücklich erlauben. Sie können sogar auf vielen Lernplattformen wie Moodle die Kursteilnehmerinnen und Kursteilnehmer in Teams einteilen.[5] Teamarbeit birgt zwar die Gefahr, dass einzelne Lernende Team als toll-ein-anderer-machts interpretieren und sich aktiv nur wenig an der Lösungsfindung beteiligen, andererseits wird der Arbeitsumfang für die Lehrenden besser bewältigbar und der Zusammenhalt innerhalb der Studierenden- oder Schülergruppe gestärkt.

> **Tipp** Wenn Sie als Dozierende die Lernenden in Teams einteilen, finden sich auch einmal Teams zusammen, die in der Normalwelt niemals zusammenarbeiten würden. Das stärkt dann sogar die Sozialkompetenzen der Teammitglieder, sei es auch im Bereich des Konfliktmanagements.

3.5   Lernhäppchen

Neben dem Einsatz von Lernvideos ist auch die Nutzung von Lernhäppchen zur Wissensvermittlung möglich. Lernhäppchen sind schriftlich aufbereitete Lerninhalte, die den Nutzern oft nur schrittweise angezeigt werden, sodass sich der Lehrinhalt nach und nach vermitteln lässt.

Ein Anbieter von (kostenlosen) Lernhäppchen sind die Organisatoren der Webseite https://www.learningsnacks.de. Auf dieser (privatwirtschaftlichen) Webseite gibt es bereits viele Lernhäppchen, die Sie einfach nutzen können, die Learning Snacks lassen sich aber auch vergleichsweise leicht selbst erstellen.[6] Ein Blick auf die Startseite von learningsnacks.de bietet Ihnen Abb. 3.1.

Die Learning Snacks sind im Stil einer Chat-Nachricht aufgebaut, wobei sich neben Text auch Fotos, sogar Videos und Quiz-Aufgaben integrieren lassen. Für das Beispiel der Lehrveranstaltung zur Kostenrechnung werden entsprechende Learning Snacks genutzt und im kommenden Kapitel dann auch detailliert vorgestellt.

Der Vorteil des Einsatzes von Lernhäppchen liegt auch darin, dass die Vermittlung von Wissen eine spielerische Komponente erhält.[7] Aufgrund der Auswertungsmöglichkeit am Ende eines Learning Snacks können diese auch als

---

[5] Moodle (2020a). Onlinequelle.

[6] Schul-tech (o. J.). Onlinequelle.

[7] Ruhrfutur (2021). Onlinequelle.

Abb. 3.1   Learning Snacks. (Quelle: Learning Snacks (o. J. a). Onlinequelle)

Wettbewerb genutzt werden, was dem Aspekt der sogenannten Gamification sogar noch stärkt.

> **Tipp**   Es gibt inzwischen eine ganze Reihe von Angeboten im Inter-
> net, Lernhäppchen zu erstellen. Der Autor hat sich für das Angebot
> von learningsnacks.de entschieden, weil ihm bei diesem Portal die
> Erstellung der Lernhäppchen besonders leichtgefallen ist und ihn die
> Vielfalt der Gestaltungsmöglichkeiten überzeugt. Nachteilig ist sicher-
> lich, dass es sich dabei um ein privatwirtschaftliches Angebot der
> Learning Snacks GmbH handelt und somit keine Sicherheit besteht,
> dass das Angebot auch morgen noch verfügbar ist.

3.6   Quiztools

Nicht immer ist es möglich, jede Lösung zu einer Übungsaufgabe individuell zu betrachten und den Lernenden ein persönliches Feedback zu geben. Hier bietet sich der Einsatz von Quiztools an, die es in großer Anzahl gibt.[8] Das E-Learning-System der htw saar sieht bereits den Einsatz von Quizfragen in der Lehre vor.

   In einem Quiz lassen sich Fragen formulieren und mögliche Antworten defi-nieren, von denen dann nur eine oder mehrere richtig sind. Auch Rechenaufgaben

---

[8] Epp (2020). Onlinequelle.

lassen sich effektiv in Quiz-Form ausdrücken, insbesondere auch dann, wenn bei den Antwortmöglichkeiten auch diejenigen Antworten enthalten sind, die sich bei typischen Rechenfehlern ergeben.

Oftmals lässt sich eine Quizantwort auch zusätzlich erläutern, sodass die Quiz-zenden nicht nur erfahren, welche Lösung richtig ist, sondern auch warum diese richtig ist. So bieten auch Quiztools die Möglichkeit, Wissen spielerisch zu vermitteln.

> **Tipp** Die spielerische Wissensvermittlung gewinnt zunehmend an Popularität, vielleicht auch wegen der vielen Quizshows im Fernsehen und der zahlreichen Quiz-Apps für Smartphones und Tablets. Ein Quiz ist schnell erstellt, gilt als modern und weckt bei vielen Lernenden Interesse am Thema.

3.7 Entwicklungsmöglichkeiten

War es das etwa schon? Mit Sicherheit nicht! Es geht hier auch nicht darum, eine High-end-Lehre aufzubauen. Vielmehr sollen Ihnen ein paar Werkzeuge vorge-stellt werden, die sich relativ einfach und unkompliziert anwenden lassen. Vor allem aber fehlt noch eine Komponente völlig: die unmittelbare Unterredung der Dozierenden mit den Lernenden.

Als Blended Learning werden Lehrkonzepte bezeichnet, die E-Learning-Komponenten mit klassischen Lehrveranstaltungen verbinden,[9] sei es in Präsenz vor Ort oder über entsprechende Konferenz-Software. Diese Lehrveranstaltun-gen sorgen für den persönlichen Kontakt zwischen Dozierenden und Lernenden. Gerade in Präsenzhochschulen und in den klassischen Schulformen, die sich von Bundesland zu Bundesland in ihrer Ausgestaltung unterscheiden, ist der persönliche Kontakt unverzichtbar. Allerdings ermöglicht der Einsatz von E-Learning-Komponenten, die persönliche Kontaktzeit zu reduzieren. Das schafft Freiräume für Lehrende und Lernende. Anstatt sechs oder acht Unterrichtsstun-den am Stück vor dem Computer zu sitzen, kann die Konferenz und Kontaktzeit reduziert werden. Wie stark die Reduktionsmöglichkeit ist, hängt natürlich vom Umfang der eingesetzten E-Learning-Komponenten ab. So entsteht eine Kombi-nation aus zumindest teilweise asynchronem Lehren und Lernen, die sich besser an individuelle Bedürfnisse anpassen lässt.

---

[9] Quade (2017). Onlinequelle.

▶ **Tipp** Zum Wintersemester 2021/2022 verzeichneten viele Hochschulen in Deutschland einen ausgesprochen hohen Rückgang der Bewerberzahlen für ein Studium. Eine stichprobenartig durchgeführte Befragung von Abiturienten hat ergeben, dass viele den Einstieg ins Online-Studium im Anschluss an die Schule scheuen und sich gesicherte Präsenzlehre wünschen. In diesem Zusammenhang sollte Wert auf den persönlichen Kontakt zwischen Lehrenden und Lernenden gelegt werden. Sicherlich gibt es auch einen Markt für das Fernstudium. Nichtsdestotrotz ist jungen Menschen der Kontakt zu anderen wichtig. Deshalb ist ein Blended Learning-Konzept in vielen Fällen dem reinen E-Learning-Ansatz überlegen.

Praxisbeispiel Kostenrechnung (Grundkonzept)

4

4.1 Moodle als Grundlage des E-Learning-Systems

Das folgende Beispiel soll keinesfalls als DAS Muster für eine E-Learning-gestützte Lehre verstanden werden. Vielmehr soll ein Ansatz aufgezeigt werden, wie man mit vertretbarem Aufwand ein entsprechendes Konzept aufbauen und realisieren kann. Dazu sind Ihnen anhand zahlreicher Screenshots zur Lehrveranstaltung Kostenrechnung im Rahmen des Bachelorstudiengangs Wirtschaftsingenieurwesen an der Hochschule für Technik und Wirtschaft des Saarlandes in Saarbrücken die einzelnen Komponenten des Lehrkonzepts dargestellt und erläutert.

Die Hochschule nutzt ein Moodle-basiertes E-Learning-System, das auf die speziellen Bedürfnisse der Hochschule angepasst ist.[1] Das System bietet den Vorteil, dass es in den Grundzügen der Hauptzielgruppe der Hochschule, den Abiturienten und Fachabiturienten aus dem Saarland, bereits bekannt ist, weil das im Saarland zur Verfügung stehende E-Learning-System der Schulen ebenfalls auf Moodle basiert.[2]

> ▶ **Tipp** Inzwischen gibt es bundesweit an Schulen und an Hochschulen ohnehin entsprechende E-Learning-Systeme. Auch wenn diese in der Anwendung nicht völlig identisch sind, lassen sich die in der Folge aufgezeigten Ideen in der Regel unabhängig von der konkreten Plattform umsetzen.

---

[1] Moodle selbst sieht sich als Softwarepaket, um internetbasierte Kurse zu entwickeln und durchzuführen. Moodle (2019). Onlinequelle.

[2] Online Schule Saarland (o. J.). Onlinequelle.

S. Georg, *Möglichkeiten zur E-Learning-gestützten Lehre*, essentials, https://doi.org/10.1007/978-3-658-36821-0_4

Abb. 4.1 Modulverantwortlichkeit und Lehrkonzept

4.2   Modulverantwortlichkeit und Konzept

Der Kurs startet mit der Vorstellung des Modulverantwortlichen in Form eines kurzen Präsentationsvideos. Zudem sind das Lehrkonzept und Literaturhinweise zur Kostenrechnung[3] jeweils als Textseite integriert. Wie Sie sehen, ist es auch möglich, einzelne Inhalte für Teilnehmerinnen und Teilnehmer auszublenden, wie es an dieser Stelle jetzt einmal beispielhaft mit dem Video zum Lehrkonzept gemacht wurde. Abb. 4.1 zeigt den Aufbau der ersten Elemente des Kurses zur Kostenrechnung.

> ▶ **Tipp** Mit der Vorstellung des Modulverantwortlichen wird den Studierenden in diesem Fall die Zuständigkeit für den Kurs direkt deutlich. Das ist insbesondere dann wichtig, wenn sich wie im Praxisfall hier ein kleines Team die Lehre im Kurs teilt.

---

[3] Zwar gibt es ein auf die Veranstaltung zugeschnittenes Lehrbuch (Georg, S.: Das Taschenbuch zur Kostenrechnung, ISBN: 978-3-74676-002-5), es ist aber prinzipiell in einem Studium immer sinnvoll, dass die Studierenden mehr als nur ein Buch zum Studium heranziehen.

Mitentscheidend für den Erfolg der Lehre ist, dass die Studierenden das Lehrkonzept verstanden haben.[4] Es wird deshalb ausführlich erläutert und ist an dieser Stelle einmal im Detail dargestellt:

Das bewährte Lehrkonzept

Dank der Pandemie ist alles anders! NEIN, das stimmt so nicht. Denn wir (Stefanie Scherer, Alexander Hamman und Stefan Georg) können unser bewährtes Konzept der letzten Jahre für die **Veranstaltung Kostenrechnung** ideal auf das Studienjahr 2021/2022 übertragen. Und das geht so:

„Sage es mir, und ich vergesse es,
zeige es mir, und ich erinnere mich,
lass es mich tun, und ich behalte es."

Dieses Zitat von Konfuzius beschreibt sehr gut das Konzept der Vorlesung Kostenrechnung im Bachelorstudiengang Wirtschaftsingenieurwesen an der htw saar. Schon **seit dem WS 2013/2014** verfolgen wir das folgende, sehr erfolgreiche Veranstaltungskonzept (geringere Quoten nicht-bestandener Prüfungen, hoher Anteil guter und sehr guter Prüfungsleistungen).

SIE ERARBEITEN SICH DEN LEHRSTOFF SELBSTSTÄNDIG VOR JEDER LEHRVERANSTALTUNG, UND WIR STEHEN IHNEN IN DEN REGELMÄSSIGEN LEHRVERANSTALTUNGEN ALS COACH ZUR VERFÜGUNG!

Das bedeutet, dass wir schon seit vielen Jahren auf ein hohes Maß an Eigeninitiative der Studierenden setzen, was sich ja auch in den ECTS-Punkten ausdrückt. 5 ECTS-Punkte bedeuten, dass sich durchschnittlich begabte Studierende 150 h mit dem Lehrstoff auseinandersetzen! Zwar haben wir für dieses Konzept keinen coolen Namen, aber es funktioniert, und nur das zählt für uns.

Für das **Studienjahr 2021/2022** gibt es aber tatsächlich aufgrund der andauernden Pandemie auch ein paar Änderungen. Eine davon betrifft die Organisation der Lehrveranstaltungen. Die Veranstaltung Kostenrechnung besteht wie immer aus einem Vorlesungsteil und einem Übungsteil, das hat sich nicht geändert, aber:

Den **Vorlesungsteil** hat Stefan Georg komplett aufgezeichnet und stellt ihn Ihnen in Form kurzer **Lernvideos** auf dieser Plattform zur Verfügung. Das hat den Nachteil, dass Sie Herrn Georg nicht live erleben können. Andererseits hat das den Vorteil, dass Sie sich die Lerninhalte so oft anhören können, wie Sie wollen. Denken Sie daran, in einer Live-Veranstaltung vor Ort spricht Herr Georg genau einmal zu Ihnen. Wenn Sie es dann nicht verstanden haben… so aber können Sie sich die

---

[4] Zur Bedeutung von Lehrkonzepten für die Lehre siehe auch Stöhler (2018). Onlinequelle.

Videos immer wieder anschauen und haben damit beste Möglichkeiten, den Lehrstoff auch zu erfassen. **Außerdem gewinnen wir dadurch zusätzliche Lehrzeit:** und diese nutzen wir, um Ihnen zusätzliche Aufgaben anzubieten, die Stefan Georg individuell korrigieren wird.

Den **Übungsteil** haben wir in diesem Studienjahr zweigeteilt:

Alexander Hamman bietet Ihnen wöchentlich zu dem in Ihrem Stundenplan ausgewiesenen Termin eine **90-minütige Lehrveranstaltung** live vor Ort an der htw saar und eine 90-minütige Lehrveranstaltung über Moodle an. Sie haben also die Wahl, ob Sie einen Präsenztermin an der htw saar oder einen Online-Termin bevorzugen! In dieser Veranstaltung beantwortet er all Ihre Fragen zu den Theoriefragen und Aufgaben der jeweiligen Woche. Er wird (und das machen wir NIE) aber nicht jede einzelne Aufgabe vollständig vorrechnen. Denken Sie daran, unser Konzept sieht vor, dass Sie mit den von uns angegeben Quellenhinweisen die Fragen und Aufgaben zunächst selbständig bearbeiten.

Zusätzlich haben wir – und das ist ein erstes Zusatzangebot für Sie – in unseren **Kurs 3 Feedbackaufgaben** eingebaut. Ihre (hochgeladenen Lösungen) zu diesen 3 Feedbackaufgaben wird Stefanie Scherer prüfen und Ihnen zu Ihren Lösungen über Moodle Feedback geben (daher der Name der Aufgaben). Die Feedbackaufgaben haben für Sie zwar „nur" Übungszweck, Sie sollten Sie aber dennoch lösen, denn sie bereiten Sie auf die Prüfung vor.

Ganz neu in diesem Wintersemester 2021/2022 ist zudem: Stefan Georg nutzt die freigewordene Lehrzeit und bietet Ihnen eine Art **Probeprüfung** in mehreren Stufen an. Diese haben wir in diesem Kurs als **Wiederholungsaufgaben** erfasst. Die Wiederholungsaufgaben entsprechen exakt den Aufgaben, die im WS 2020/2021 die Prüfung gebildet haben. Sie erhalten aber nicht eine Probeprüfung am Ende des Semesters, sondern mehrere Teilprobeprüfungen, die Sie dazu anhalten sollen, den Lehrstoff regelmäßig zu erarbeiten und zu wiederholen. Und natürlich korrigiert Stefan Georg Ihre Lösungen, sodass Sie Feedback zu Ihrem Leistungsstand erhalten. Wichtig in diesem Zusammenhang ist noch: 1) Sie erwerben mit den Probeprüfungen keine Punkte für die Abschlussklausur, es handelt sich wirklich nur um Proben und 2) Sie müssen die (demnach freiwilligen) Probeprüfungen in einem engen Zeitfenster ablegen. Wir wollen Sie nämlich dazu bringen, dass Sie regelmäßig arbeiten und wir wollen die Klausursituation simulieren. Deshalb können Sie die Proben nicht einfach irgendwann bearbeiten, sondern nur zu festgelegten Terminen mit einer jeweils definierten Bearbeitungszeit.

Damit unsere Methode des Lehrens und Lernens erfolgreich in der Kostenrechnung umzusetzen ist, erhalten Sie von uns die folgende Unterstützung:

1. Sie erhalten über den hier angegebenen Link eine Datei mit 88 Leitfragen, die den Stoff beschreiben, den Sie für die Prüfung beherrschen müssen. (Link zu: **Leitfragen und Lernziele zur Kostenrechnung 2019/2020**) Ja, richtig, es handelt sich um die Leitfragen und Lernziele aus dem Studienjahr 2019/2020, denn Sie sollen sehen, dass wir das Programm der letzten Jahre auf das aktuelle Studienjahr übertragen können. Zusätzlich haben wir die relevanten Leitfragen aber auch jedem Kapitel unseres Kostenrechnungskurses beigefügt. Sie brauchen oben genannte Datei zu den Leitfragen und Lernzielen also nur, wenn Sie alle Fragen in einer Datei haben wollen. Achtung: Die Theorie wird in der Abschlussprüfung über einen Lückentext abgefragt! Diesen können Sie sehr gut und sollten ihn auch über das Quiz zur Kostenrechnung üben: https://www.wiin-kostenmanagement.de/quiz-zur-kostenrechnung/

2. Außerdem erhalten über den untenstehenden Link einen Katalog von insgesamt 53 Übungsaufgaben, die Sie unbedingt lösen sollten (und zwar so lange, bis Sie diese fehlerfrei beherrschen). Auch hier haben wir das Übungsprogramm 1 zu 1 aus dem Vorjahr übernehmen können. (Link zu: Übungsaufgaben zur Kostenrechnung 2019/2020). Zusätzlich haben wir die jeweils relevanten Übungsaufgaben ebenfalls den einzelnen Kapiteln zugeordnet.

3. Zusätzlich lesen Sie in diesem Kurs für jedes Kapitel (Modul) eine präzise Beschreibung der Internetquellen, die Ihnen bei der Erarbeitung der Themen und der Lösung der Aufgaben in einem ersten Schritt helfen können, und wir empfehlen Ihnen, diese Quellen zu nutzen. Darüber hinaus sollten Sie sich unbedingt mit einem Buch zur Kostenrechnung auseinandersetzen. Literaturhinweise haben wir Ihnen hier im Kurs in einem eigenen Punkt zusammengestellt.

4. **Nach jedem Kapitel (Modul)** gibt es in diesem Kurs einen kleinen **Zwischentest.** Dabei handelt es sich um einen Lückentext oder um Multiple-Choice-Fragen. Diese Zwischentests sind zwar kein Bestandteil Ihrer Abschlussprüfung, Sie müssen sie aber erfolgreich absolvieren, damit Ihnen das nächste Kapitel freigeschaltet wird. Auf diese Weise erhalten Sie regelmäßig zusätzliches Feedback, ob Sie die *Lernziele* erreicht haben. Sie haben übrigens eine unbegrenzte Anzahl von Versuchen, um diese Tests zu bestehen. Aber sollten Sie den Test einmal nicht bestehen, ist er für 30 min gesperrt und kann erst danach wiederholt werden.

5. Sie erhalten in diesem Kurs einen Terminplan für das gesamte Studiensemester. Darin wird für jeden Veranstaltungswoche festgelegt, welche Leitfragen VON IHNEN SELBSTSTÄNDIG zu beantworten und welche Übungsaufgaben EBENFALLS VON IHNEN SELBSTSTÄNDIG zu lösen sind. Sie bereiten

sich somit individuell auf die Veranstaltungen mit Ihren Antworten zu den Leit-
fragen und Ihren Lösungen zu den Aufgaben vor, sodass wir in den (Online-)
Veranstaltungen alle Probleme klären können, die bei Ihrer Arbeit aufgetreten
sind. Die selbständige Arbeit ist ein Kernelement eines jeden Studiums. Denken Sie daran, Sie erhalten für dieses Modul 5 ECTS-Punkte, was 150 h Arbeit
Ihrerseits bedeutet (gemessen für die/den „durchschnittlichen" Studierenden).
Von den 150 h bieten wir Ihnen hier 30 h über die (Online-)Übung durch Herrn
Hamman an. Da ist noch reichlich Zeit für die Sichtung der Lernvideos, die Feedbackaufgaben, die Probeprüfungen in Form der Wiederholungsaufgaben und das
eigene Arbeiten…

Und denken Sie daran:

IN DER VERANSTALTUNG VON HERRN HAMMAN STEHT DIE **PRO-
BLEMKLÄRUNG** IM VORDERGRUND. ES GIBT KEINEN FRONTALUN-
TERRICHT MIT VOLLSTÄNDIGER BESPRECHUNG ALLER FRAGEN UND
AUFGABEN! WER NICHT VORBEREITET IST, WIRD PROBLEME HABEN,
IN DER VERANSTALTUNG DEM DOZENTEN ZU FOLGEN.

Was müssen Sie jetzt noch tun, bevor es losgehen kann:

1. Lesen Sie, wie die Prüfung dieses Moduls organisiert ist.
2. Schauen Sie sich den vollständigen Terminplan an.
3. Decken Sie sich mit Literatur ein (Hinweise gibt es in diesem Modul oder auch
   auf: https://www.wiin-kostenmanagement.de/vorlesung-kostenrechnung/).

> **Tipp** Häufig wird im Rahmen von Evaluationen abgefragt, ob die
> Lehrveranstaltung einem klaren Konzept folgt. Das zeigt, wie wichtig
> es ist, den Lernenden den Aufbau und Ablauf der Lehrveranstal-
> tung zu erklären. Auch wenn das etwas Zeit in Anspruch nimmt, so
> erscheint diese Zeit sinnvoll eingesetzt zu sein.

4.3 Organisation der Prüfung

Von großer Bedeutung für alle Studierenden ist immer die Organisation der Prüfung, in diesem Fall in Form einer Klausur. Aus diesem Grund erhalten die Kursteilnehmer und Kursteilnehmerinnen gleich zu Beginn alle wichtigen Informationen zur Prüfung. Hinweise dazu sind in Abb. 4.2 zusammengestellt.

▶ **Tipp** Auch in Schulen freuen sich Schülerinnen und Schüler, wenn ihnen im Vorfeld der Ablauf und die Struktur von Prüfungen erklärt wird. Die Informationen sollen auch zeigen, dass die Lehrenden um eine faire Prüfungsgestaltung bemüht sind.

Auch um den Studierenden ein wenig die Angst vor der Prüfung zu nehmen, sind zudem in Kapitel *Organisation der Prüfung* zusätzliche Hinweise aufgeführt, wie das Dozierendenteam die Lernenden auf die Prüfung vorbereitet (Abb. 4.3):

Organisation der Prüfung

Die Studien- und Prüfungsordnung sieht als Prüfungsleistung im Modul Kostenrechnung eine **Klausur** am Ende des Semesters vor.

Im Rahmen der Klausur werden sowohl theoretische Sachverhalte als auch anwendungsbezogene Sachverhalte geprüft:

- Die theoretischen Sachverhalte werden mittels eines Lückentextes überprüft werden. Ein Beispiel dazu: "_____ entsprechen dem bewerteten Verzehr von Gütern und Dienstleistungen im Rahmen der betrieblichen Leistungserstellung." Sie müssen die Lücke nur mit der richtigen Antwort ("Kosten") füllen.
- Die anwendungsbezogenen Sachverhalte werden vor allem in Form von Rechenaufgaben geprüft, wie sie in diesem Kurs in Form der Übungsaufgaben trainiert werden.

Natürlich verlangt eine Hochschulklausur, dass die Übungaufgaben nicht 1 zu 1 in der Klausur drankommen. Die Verwendung von Übungsaufgaben in der Klausur mag durchaus auch der Fall sein, aber nicht nur. Es ist bewusst gewollt, dass es in der Klausur auch bei einzelnen Klausuraufgaben notwendig sein wird, dass Sie einmal nachdenken müssen, weil die Lösung ein wenig von der Norm abweicht. Dennoch sind die Übungsaufgaben ein sehr gutes Klausurtraining.

Um Sie bestmöglich auf die Prüfungsleistung vorzubereiten, haben wir nach jedem Kapitel einen **Zwischentest** in diesen Kurs eingebaut. Diese Zwischentests sind zwar KEIN Bestandteil der Prüfungsleistung; das nächste Kapitel (Modul) im Moodle-Kurs wird Ihnen aber nur freigeschaltet, wenn Sie den vorangehenden Zwischentest bestanden haben. Auf diese Weise erhalten Sie immer Feedback, dass Sie die Lernziele erreicht haben.

Abb. 4.2 Organisation der Prüfung

Wie bereiten wir Sie also auf die Klausur vor:

1. Sie erhalten Lernvideos im Kurs zu den theoretischen Sachverhalten.

2. Sie erhalten Lernfragen, die Sie selbstständig lösen sollen und deren Antworten Sie in der Übungsveranstaltung bei Herrn Hamman überprüfen können.

3. Sie erhalten Übungsaufgaben, die Sie selbstständig lösen sollen und deren Antworten Sie in der Übungsveranstaltung bei Herrn Hamman überprüfen können.

4. Sie erhalten ab und an in den jeweiligen Kapiteln (Modulen) Zusatzaufgaben, die Sie auch selbstständig lösen sollten, zu denen Ihnen aber die Musterlösung im Kurs zur Verfügung gestellt wird.

5. Sie erhalten Feedbackaufgaben, die Sie selbstständig lösen sollten. Frau Scherer wird Ihre Lösungen individuell korrigieren.

6. Sie erhalten Wiederholungsaufgaben als Probeprüfungsaufgaben, die Sie in einem engen Zeitfenster bearbeiten müssen. Stefan Georg wird Ihre Lösungen individuell korrigieren.

7. Sie haben auf https://www.wiin-kostenmanagement.de/quiz-zur-kostenrechnung/ die Möglichkeit, die theoretischen Sachverhalte zu üben.

8. Mit Hilfe von Learning Snacks haben Sie die Möglichkeit, Ihren Wissensstand zu erweitern und zu überprüfen. Die Learning Snacks sind den einzelnen Kapiteln zur Kostenrechnung zugeordnet.

9. Mit den Zwischentests im Kurs überprüfen Sie regelmäßig Ihr Wissen.

Abb. 4.3 Vorbereitung auf die Prüfung

4.4 Terminplan

Wichtiger Bestandteil der Kursorganisation ist auch der Terminplan, der in Abb. 4.4 exemplarisch dargestellt ist:

Sie können erkennen, dass im Terminplan eine Textseite zu Terminen, Fragen und Aufgaben im Überblick enthalten ist. Diese Textseite ist entsprechend der folgenden Abb. 4.5 (Ausschnitt aus dem Gesamtplan) aufgebaut:

> **Tipp** Die Angabe möglicher Quellen, die bei der Erarbeitung des Lehrstoffe Verwendung finden können, hilft den Lernenden dabei, den Einstieg in die Thematik zu finden. Der Autor beobachtet, dass in Schulen oftmals Schulbücher beschafft werden, die dann im Schulalltag überhaupt nicht genutzt werden. Gerade hier ist es sinnvoll, einen

Terminplan

Hier finden Sie die zeitliche Reihenfolge der einzelnen Themen zur Kostenrechnung.

 Termine, Fragen und Aufgaben im Überblick

Hier finden Sie einen Überblick, welche Themen Sie für die einzelnen Veranstaltungswochen vorbereiten müssen.

Woche 1:

Achtung, die erste Woche dient dazu, dass Sie sich mit dem Konzept der Lehrveranstaltung vertraut machen, dass Sie sich mit Literatur zur Kostenrechnung ausstatten und dass Sie die Lösungen zu den Fragen und Aufgaben für Woche 2 **selbstständig erarbeiten**.

In Woche 2 werden die dort angegebenen Fragen und Aufgaben thematisiert, indem Ihnen Herr Hamman in der Übungsveranstaltung Ihre Fragen zur Ihren Lösungen ausführlich beantwortet. Zusätzlich werden Sie in Woche 2 die Lösungen zu den Fragen und Aufgaben zu Woche 3 selbstständig erarbeiten.

Terminplan Ihrer Probeklausuraufgaben (Wiederholungsaufgaben)

Mittwoch, 08.12.2021, 14 bis 21 Uhr, Dauer: 20 Minuten

Mittwoch, 05.01.2022, 14 bis 21 Uhr, Dauer: 20 Minuten

Mittwoch, 19.01.2022, 14 bis 21 Uhr, Dauer: 20 Minuten

Abb. 4.4 Terminplan

Termine, Fragen und Aufgaben im Überblick

Woche 1: Machen Sie sich mit unserem Konzept vertraut, organisieren Sie sich die benötigte Literatur und beginnen Sie damit, selbstständig die Fragen und Aufgaben für Woche 2 vorzubereiten. **Es ist wichtig, dass Sie die Fragen und Aufgaben der folgenden Woche stets vorbereitet haben, wenn Ihnen Ihre Fragen dazu in der Übungsveranstaltung von Herrn Hamman beantwortet werden.**

Woche 2; Modul 1: Was sind Kosten? Abgrenzung der Strömungsgrößen

Fragen 1 bis 6, Aufgabe 1 bis 5

https://www.wiin-kostenmanagement.de/grundlagen-kostenrechnung/

https://www.wiin-kostenmanagement.de/definition-von-kosten/

https://www.wiin-kostenmanagement.de/neutraler-aufwand-kalkulatorische-kosten/

Abb. 4.5 Termine, Fragen und Aufgaben im Überblick

Bezug der Fachthemen zum Schulbuch über entsprechende Literaturhinweise herzustellen. Dies hilft den Schülerinnen und Schülern dabei, das Schulbuch auch dann zu nutzen, wenn es im Unterricht selbst nicht benötigt wurde. Im Studium glauben ohnehin viele Studierende, ein Lehrbuch sei nicht notwendig, da in der Regel keine verbindlichen Literaturlisten ausgegeben werden. Durch die Angabe von Quellenhinweisen bzw. Literaturhinweisen im Kurs können die Lernenden dazu angehalten werden, auch einmal ein Fachbuch zu nutzen.

Praxisbeispiel Kostenrechnung (Lerninhalte)

5.1 Genutzte E-Learning-Komponenten

Im Kurs zur Kostenrechnung kommen zahlreiche unterschiedliche E-Learning-Komponenten zum Einsatz. Diese sind anhand des ersten Kapitels, vorgesehen für die zweite Lehrwoche im Semester, entsprechend der Abb. 5.1 erläutert.

Abb. 5.1 zeigt bereits, dass neben den konkreten Arbeitsanweisungen, den Lern- und Leitfragen sowie den Übungsaufgaben auch ein Lernvideo, ein Learning Snack sowie eine Zusatzaufgabe mit Musterlösung genutzt werden.

▶ **Tipp** Mit vielfältigen Lernmaterialien kann ein Kurs abwechslungsreich gestaltet werden. Dies ist letztlich ein großer Vorteil gegenüber den oftmals immergleichen Vorlesungen und Übungen im Alltag der Präsenzlehre.

5.2 Wöchentliche Arbeitsanweisungen

In den Arbeitsanweisungen wird den Studierenden wochenweise erklärt, wie sie vorzugehen haben, um den Lehrstoff zu erfassen. „Eine Arbeitsanweisung stellt eine Vorgabe für die ordnungsgemäße Ausführung einer bestimmten Arbeit dar."[1] Beispielhaft seien hier die Arbeitsanweisungen für das oben dargestellte Kapitel zu den Grundlagen der Kostenrechnung aufgeführt:

---

[1] Unterweisung Plus (o. J.). Onlinequelle.

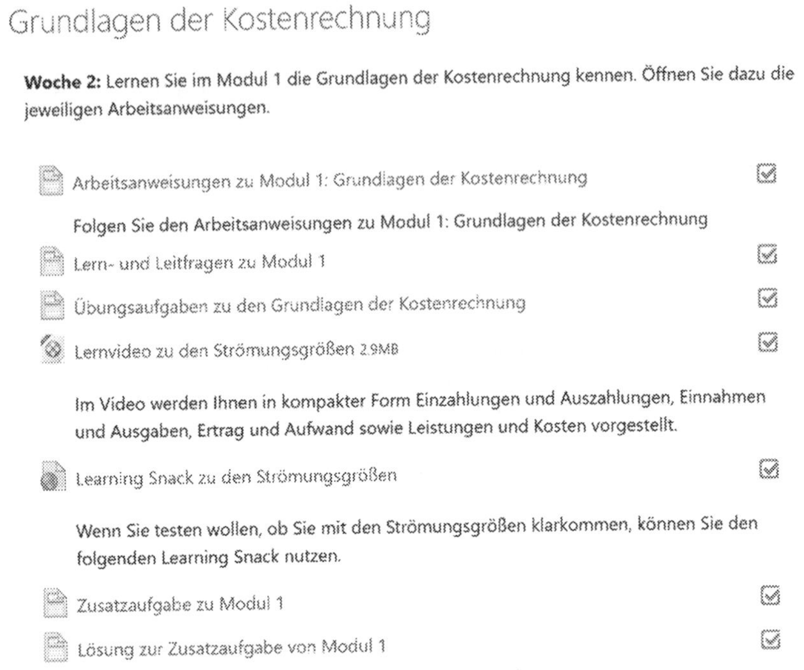

Grundlagen der Kostenrechnung

Woche 2: Lernen Sie im Modul 1 die Grundlagen der Kostenrechnung kennen. Öffnen Sie dazu die jeweiligen Arbeitsanweisungen.

📄 Arbeitsanweisungen zu Modul 1: Grundlagen der Kostenrechnung   ☑

Folgen Sie den Arbeitsanweisungen zu Modul 1: Grundlagen der Kostenrechnung

📄 Lern- und Leitfragen zu Modul 1   ☑

📄 Übungsaufgaben zu den Grundlagen der Kostenrechnung   ☑

🔷 Lernvideo zu den Strömungsgrößen 2.9MB   ☑

Im Video werden Ihnen in kompakter Form Einzahlungen und Auszahlungen, Einnahmen und Ausgaben, Ertrag und Aufwand sowie Leistungen und Kosten vorgestellt.

🔘 Learning Snack zu den Strömungsgrößen   ☑

Wenn Sie testen wollen, ob Sie mit den Strömungsgrößen klarkommen, können Sie den folgenden Learning Snack nutzen.

📄 Zusatzaufgabe zu Modul 1   ☑

📄 Lösung zur Zusatzaufgabe von Modul 1   ☑

Abb. 5.1   Aufbau des Wochenplans

Lernen Sie im Modul 1 die Grundlagen der Kostenrechnung auf https://www.wiin-kostenmanagement.de/grundlagen-kostenrechnung/ kennen. Dabei geht es vor allem um die Beantwortung der folgenden Fragen:

1. Was sind Kosten? Wie lassen sich die Strömungsgrößen voneinander abgrenzen?

Lesen Sie dazu auch den Abschnitt https://www.wiin-kostenmanagement.de/definition-von-kosten/.

Wenn Sie den Text verstanden haben, können Sie auch die Aufgaben 1 bis 3 aus dem Übungsprogramm lösen. Das gesamte Übungsprogramm steht Ihnen auf https://www.wiin-kostenmanagement.de/vorlesung-kostenrechnung/als pdf-Datei zur Verfügung.

Danach geht es in einem zweiten Schritt um folgende Frage:

2. Welche Besonderheiten gibt es bei neutralem Aufwand und kalkulatorischen Kosten?

Lesen Sie dazu auch den Abschnitt https://www.wiin-kostenmanagement.de/neu traler-aufwand-kalkulatorische-kosten/

Danach können Sie die Aufgaben 4 und 5 des Übungsprogramms bearbeiten.

▹ **Tipp** Gehen Sie einmal davon aus, dass viele Lernende, welche die Arbeitsanweisungen befolgen, auch nicht mehr arbeiten, als in den Arbeitsanweisungen steht. Insofern sollten Sie diese entsprechend ausführlich formulieren.

5.3 Lern- und Leitfragen sowie Übungsaufgaben

Die Lern- und Leitfragen klären, welche Lerninhalte von den Studierenden erarbeitet und gelernt werden müssen. Sie sind damit ein wesentlicher Bestandteil zur Aufrechterhaltung der Qualität der Lehre.[2] Auch zur Darstellung der Lern- und Leitfragen sei noch einmal auf das bereits bekannte Kapitel zur Kostenrechnung zurückgegriffen:

Lern- und Leitfragen zu Modul 1
Modul 1: Was sind Kosten?

1. Welche Strömungsgrößen gibt es, und wie sind diese definiert?
2. Welche Beispiele für Strömungsgrößen kennen Sie?
3. Welche Strömungsgrößen finden in der Liquiditätsplanung/-rechnung und welche in der Erfolgsplanung/-rechnung (insb. Kostenrechnung) Berücksichtigung?
4. Wie lassen sich neutraler Aufwand und kalkulatorische Kosten abgrenzen?
5. Welche Arten von neutralem Aufwand und kalkulatorischen Kosten kennen Sie?
6. Welche Beispiele können Sie für neutralen Aufwand und für kalkulatorische Kosten geben?

Darüber hinaus sind die zu bearbeitenden Übungsaufgaben formuliert. In der folgenden Abb. 5.2 sehen Sie dazu einen Ausschnitt:

---

[2] Zur Qualität der Lehre siehe auch Kiendl-Wendner (2016), S. 243–261.

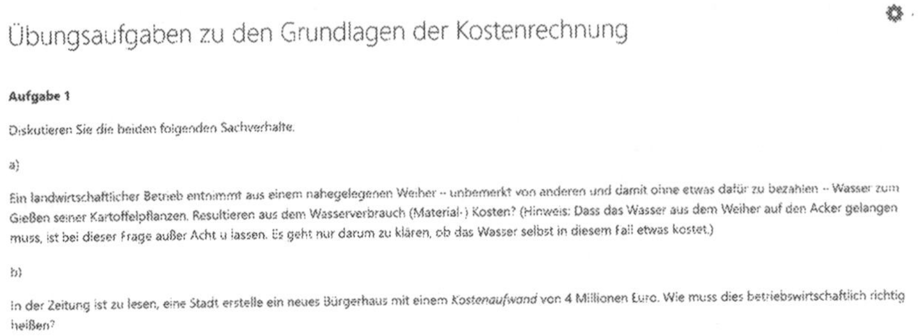

Übungsaufgaben zu den Grundlagen der Kostenrechnung   ☼

Aufgabe 1

Diskutieren Sie die beiden folgenden Sachverhalte.

a)

Ein landwirtschaftlicher Betrieb entnimmt aus einem nahegelegenen Weiher – unbemerkt von anderen und damit ohne etwas dafür zu bezahlen – Wasser zum Gießen seiner Kartoffelpflanzen. Resultieren aus dem Wasserverbrauch (Material-) Kosten? (Hinweis: Dass das Wasser aus dem Weiher auf den Acker gelangen muss, ist bei dieser Frage außer Acht u lassen. Es geht nur darum zu klären, ob das Wasser selbst in diesem Fall etwas kostet.)

b)

In der Zeitung ist zu lesen, eine Stadt erstelle ein neues Bürgerhaus mit einem Kostenaufwand von 4 Millionen Euro. Wie muss dies betriebswirtschaftlich richtig heißen?

Abb. 5.2 Integration von Übungsaufgaben

> **Tipp** Dadurch, dass die Theoriefragen (Lern- und Leitfragen) und
> die Übungsaufgaben thematisch passend zusammenhängend im Kurs
> aufgeführt sind, sehen die Lernenden, welche Arbeiten Sie bis zum
> Abschluss eines Kapitels/Moduls geleistet haben müssen. Damit wird
> mehr Übersichtlichkeit für die Kursteilnehmer geschaffen.

5.4   Einsatz von Lernvideos zur Kostenrechnung

Das Lernvideo ist direkt in das E-Learning-System integriert. Inzwischen besteht an der Hochschule für Technik und Wirtschaft des Saarlandes auch die Möglichkeit, die Videos stattdessen in einer zentralen Datenbank abzulegen. Per Link kann man dann über die Datenbank auf das jeweilige Video zuzugreifen. Damit müssen Videos, die in mehreren Kursen genutzt werden, nur noch einmal gespeichert werden. Im konkreten Einzelfall dauert das Lernvideo nur wenige Minuten (Abb. 5.3).

Lernvideo zu den Strömungsgrößen   ✿

Prof. Dr. Stefan Georg
https://drstefangeorg.de

Was sind Kosten?

Im Video werden Ihnen in kompakter Form Einzahlungen und Auszahlungen, Einnahmen und Ausgaben, Ertrag und Aufwand sowie Leistungen und Kosten vorgestellt.

Abb. 5.3 Integration von Lernvideos

> ▶ **Tipp** Halten Sie die Lernvideos eher kurz und übersichtlich, um die Betrachter nicht mit Informationen zu überfrachten. Auch die Aufmerksamkeit kann so hochgehalten werden.

5.5   Integration und Aufbau von Learning Snacks

Im Kapitel zu den Grundlagen der Kostenrechnung ist auch ein Learning Snack verlinkt. Das Lernhäppchen selbst befindet sich auf einer externen Webseite, die von jedermann kostenlos genutzt werden kann.

Beim Start des Learning Snacks zu den Strömungsgrößen[3] (eingebettet als Link: https://www.learningsnacks.de/share/90948/) öffnet sich ein kurzes Chat-ähnliches Textfeld, das erste Lehrinhalte vermittelt. Ein Beispiel dazu ist in Abb. 5.4 dargestellt.

In der Folge wird der Learning Snack um weitere Textfelder ergänzt und um Quizfragen erweitert.[4] Abb. 5.5 zeigt eine mögliche in den Learning Snack integrierte Quizfrage.

---

[3] Learning Snacks (o. J. b). Onlinequelle.
[4] Learning Snacks (o. J. b). Onlinequelle.

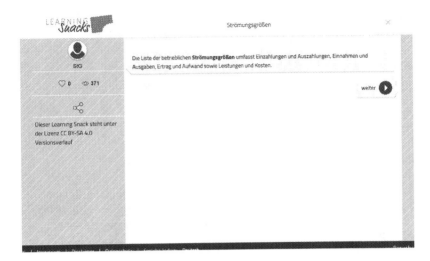

Abb. 5.4 Learning Snack zu den Strömungsgrößen

Und nun zu einer ersten Aufgabe:
Ein Unternehmen verkauft Waren gegen Barzahlung. Welche Strömungsgröße ist jetzt zu beobachten?

> A   Auszahlung
>
> B   Einzahlung
>
> C   weder Einzahlung noch Auszahlung

Abb. 5.5 Quizfragen im Learning Snack

Wurde die Aufgabe bearbeitet, erhält die Nutzerin/der Nutzer Feedback zur gewählten Antwort, bevor in diesem Beispiel eine weitere Quizfrage folgt. Abb. 5.6 gibt dazu ein Beispiel.

In diesem Stil sind weitere Lerninhalte und Quizfragen in die Learning Snack integriert, sodass die Teilnehmerinnen und Teilnehmer ihr Wissen erweitern können.

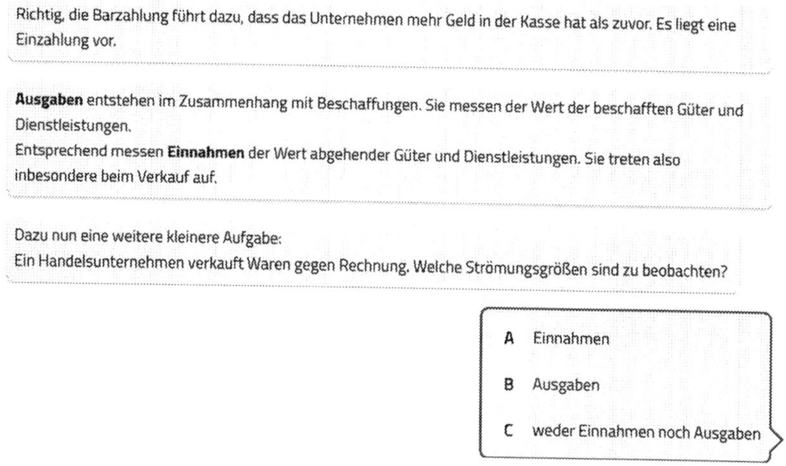

Richtig, die Barzahlung führt dazu, dass das Unternehmen mehr Geld in der Kasse hat als zuvor. Es liegt eine Einzahlung vor.

Ausgaben entstehen im Zusammenhang mit Beschaffungen. Sie messen der Wert der beschafften Güter und Dienstleistungen.
Entsprechend messen **Einnahmen** der Wert abgehender Güter und Dienstleistungen. Sie treten also inbesondere beim Verkauf auf.

Dazu nun eine weitere kleinere Aufgabe:
Ein Handelsunternehmen verkauft Waren gegen Rechnung. Welche Strömungsgrößen sind zu beobachten?

> A   Einnahmen
>
> B   Ausgaben
>
> C   weder Einnahmen noch Ausgaben

Abb. 5.6 Integration von Feedback

> **Tipp** Ein Learning Snack sollte nur etwa 5 min Bearbeitungszeit für
> die Nutzer bedeuten, damit sie nicht das Interesse verlieren und auf-
> merksam bleiben. Zusätzlich ist so auch die Zeit vertretbar, welche die
> Lehrenden einsetzen müssen, um das Lernhäppchen zu erstellen.

5.6 Übungsaufgaben mit Musterlösung und Abschlusstest

Das Kapitel zu den Grundlagen zur Kostenrechnung enthält zudem eine weitere Übungsaufgabe, welche die Kursteilnehmerinnen und -teilnehmer zunächst
selbstständig bearbeiten können. Da aber auch die Musterlösung in einer eigenen Datei hinterlegt ist, kann die selbst erarbeitete Lösung auch eigenständig
überprüft werden.

Als weitere Besonderheit ist der abschließende Test zum Lehrstoff des Kapitels Grundlagen der Kostenrechnung zu nennen, der sich direkt an den Link zur
Musterlösung der vorangehenden Aufgabe anschließt. Der Abschlusstest ist in
der folgenden Abb. 5.7 beschrieben:

Lösung zur Zusatzaufgabe von Modul 1

Test zu Modul 1: Grundlagen der Kostenrechnung

Der folgende Test umfasst 5 Fragen, von denen Sie mindestens 3 Fragen richtig beantworten müssen, um den Test zu bestehen. **Ein bestandener Test ist Voraussetzung dafür, dass Ihnen das Modul 2 freigeschaltet wird.**

Achtung: Wenn Sie den Test ein erstes Mal nicht bestehen, können Sie ihn frühstens nach einer halben Stunde wiederholen. Sollten Sie den Test auch dann nicht bestehen, müssen Sie mindestens eine Stunde warten, bis Sie es nochmal probieren können. Grundsätzlich haben Sie aber eine unbegrenzte Anzahl von Versuchen. Das Testergebnis fließt nicht in die Endnote ein.

Abb. 5.7 Testintegration

Abb. 5.8 Aufbau der Testfragen

Der Test selbst besteht in diesem Fall als Lückentext aus 5 Aussagen, bei denen die fehlenden Lücken durch den richtigen Begriff zu füllen sind. Die nachfolgende Abb. 5.8 zeigt einen Ausschnitt aus dem Test. In diesem Fall sind alle Fragen gleich gewichtet; als Administrator des Moduls hat man aber auch die Möglichkeit, die Gewichtung der einzelnen Fragen zu verändern.[5] Zudem kann man auf der Administrationsebene auch festlegen, wie viele Punkte mindestens erreicht werden müssen, damit der Test als bestanden gilt.

> **Tipp** Mit dem Bestehen des Tests kann auch eine Auszeichnung – ein Badge – verliehen werden, um den Anreiz zur erfolgreichen Teilnahme am Test zu stärken. Letztlich geht es aber beim Test vor allem darum, den Lernenden Feedback zu geben, ob sie die Lernziele auch erreicht haben.

---

[5] Moodle (2020b). Onlinequelle.

Der Test kann in diesem Fall beliebig häufig wiederholt werden, jedoch ist eine Wiederholung frühestens 30 min nach dem Nichtbestehen möglich. Auch diese Einstellungen lassen sich auf der Administrationsebene ändern.

▷ **Tipp** Wird eine Sperrfrist zur Wiederholung des Tests eingebaut (wie es hier im Praxisbeispiel erfolgt ist), soll vermieden werden, dass die Lernenden den Test „auf gut Glück" probieren. Es soll sich letztlich hier nicht um ein Glücksspiel, sondern um eine Wissensabfrage handeln.

Nur, wer den Test bestanden hat, kann zum nächsten Kapitel im Kurs zur Kostenrechnung vorangehen, denn das Bestehen des Tests wurde als Voraussetzung für den weiteren Kursverlauf definiert. Abb. 5.9 gibt ein Beispiel für die Definition der Voraussetzungen zur Fortführung des Kurses.

▷ **Tipp** Auch diese Einstellungen lassen sich selbstverständlich über die Administrationsebene der E-Learning-Plattform ändern. Hier wurde der Zwang zum Bestehen des Tests gewählt, damit die Studierenden einen (zusätzlichen) Anreiz haben, sich ernsthaft mit den Lerninhalten auseinanderzusetzen.

Aufgaben und Teilgebiete des Rechnungswesens

Eingeschränkt Nicht verfügbar, es sei denn: Sie haben die erforderliche Punktzahl in **Test zu Modul 1: Grundlagen der Kostenrechnung** erhalten
In Woche 3 lernen Sie im Modul 2 die Aufgaben und Teilgebiete des Rechnungswesens kennen. Sie können dieses Modul nur bearbeiten, wenn Sie den Test aus Modul 1 bestanden haben.

Arbeitsanweisung zu Modul 2: Aufgaben und Teilgebiete des Rechnungswesens		☑
Lern- und Leitfragen zu Modul 2		☑
Übungsaufgaben zu den Aufgaben und Teilgebieten des Rechnungswesens		☑
Lernvideo zur Kostenrechnung als Teil des Rechnungswesens 7MB		☑
Learning Snack zum Rechnungswesen		☑

Abb. 5.9 Fortführung des Kurses

5.7 Feedbackaufgaben zur individuellen Betreuung

In einzelnen Kapiteln des Kurses wurden zusätzliche Feedbackaufgaben ergänzt. In diesem Fall erhalten die Lernenden eine weitere Aufgabe, deren Lösung sie im E-Learning-Kurs bis zu einem bestimmten Termin hochladen müssen. Die Dozierenden korrigieren diese Lösungen individuell und geben den Studierenden unmittelbar Feedback zur Lösungsqualität. Diese recht aufwendige Leistung vonseiten der Dozierenden ist immer dann möglich, wenn ausreichend Lehrdeputat zur Verfügung steht. Abb. 5.10 zeigt beispielhaft die Integration einer solchen Feedbackaufgabe in den Kurs zur Kostenrechnung.

Zusätzlich gibt es eine weitere Variante von Feedbackaufgaben. In diesem Fall müssen die Aufgaben, um die Prüfungssituation zu simulieren, zu einem bestimmten Zeitpunkt bearbeitet werden. Konkret handelt es sich im Beispiel zur Kostenrechnung um Aufgaben, wie sie zuletzt in der Prüfung gestellt wurden. Den Studierenden wird ein Zeitraum von 6 h eingeräumt, innerhalb dessen die Aufgabe zu bearbeiten ist. Mit Beginn der Bearbeitungszeit stehen dann aber nur

Feedbackaufgabe 1 zur Kostenartenrechnung

Kalkulatorische Abschreibungen

ACHTUNG: DIE LÖSUNG ZUR FOLGENDEN AUFGABE MUSS ALS PDF-DATEI BIS SPÄTESTENS 05.12.2021, 20 UHR HOCHGELADEN SEIN.

Eine Maschine hatte einen Anschaffungspreis von 50.000 Euro. Noch vor Inbetriebnahme erhöht der Hersteller den Preis für die Maschine um 30%. Man rechnet damit, dass die Maschine während Ihrer erwarteten Betriebsdauer von 4 Jahren insgesamt 120.000 Werkstücke bearbeiten kann und danach einen Liquidationserlös von 5.000 Euro bringt.

Zur Bestimmung der kalkulatorischen Abschreibungen stehen die lineare Abschreibung, die geometrisch-degressive Abschreibung und die variable (leistungsabhängige) Abschreibung sowohl auf Basis des Wiederbeschaffungspreises und auf Basis des ursprünglichen Anschaffungspreises, jeweils unter Berücksichtigung des Liquidationserlöses, zur Verfügung.

a) Mit welcher Methode lassen sich im 2. Betriebsjahr die höchsten kalkulatorischen Abschreibungen bestimmen, wenn im Betrachtungsjahr 36.000 Werkstücke bearbeitet wurden?

b) Warum könnte das Unternehmen Interesse an den höchsten (und nicht an den niedrigsten) kalkulatorischen Abschreibungen haben?

Abb. 5.10 Integration von Feedback-Aufgaben

Wiederholungsaufgabe 1 zu den Grundlagen der Kostenrechnung

`Eingeschränkt` Nicht verfügbar, es sei denn:
* Zeit nach **8. Dezember 2021, 14:00**
* Zeit bis **8. Dezember 2021, 21:00**

Achtung: Mit dieser Aufgabe wird eine Prüfungssituation simuliert. Sie erwerben keine Punkte für die tatsächliche Prüfung in diesem Semester. Vielmehr geht es darum, Ihnen eine Probeprüfung zur Verfügung zu stellen!

Die Wiederholungsaufgabe 1 zu den Grundlagen der Kostenrechnung entspricht inhaltlich dem ersten Teil der Prüfungsleistung aus dem WS 2020/2021. Als Bearbeitungszeit sind 20 Minuten nach dem Start der Aufgabe angesetzt, wobei Sie maximal 20 Punkte erwerben können.

Zur Beantwortung der Aufgabe stehen Ihnen maximal 30 Zeilen im Online-Tool zur Verfügung.

Zur Erstellung der Lösung dürfen Sie Ihre Aufzeichnungen, Ihre Bücher und auch Internetquellen nutzen. Ausgeschlossen ist jedoch das Hinzuziehen anderer Personen.

Prof. Dr. Stefan Georg wird Ihnen Ihre Lösung so korrigieren, dass Sie sehen können, wieviele Punkte Sie in der Prüfung erreicht hätten!

Abb. 5.11 Simulation einer Prüfungssituation

30 min zum Lösen der Aufgabe und Hochladen der Lösung zur Verfügung. Ein Beispiel zur Prüfungssimulation ist in Abb. 5.11 veranschaulicht.

▷ **Tipp** Im Praxisalltag – gerade an Schulen – steht diese zusätzlich benötigte Zeit zur Korrektur leider oft nicht zur Verfügung. An manchen Hochschulen stellen aber Studierendenprojekte Teil des Lehrplans dar und können möglicherweise zur Betreuung und zum Coaching anderer Studierender genutzt werden.

5.8   Live-Veranstaltungen

Die **Sicherung des Lernfortschritts** erfolgt zusätzlich zum E-Learning-Angebot synchron über **Live-Veranstaltungen** (in Präsenz an der htw saar oder online über in das E-Learning-System integrierte Konferenzsoftware wie den BigBlue-Button[6]) **und** asynchron über **Einsendeaufgaben;** dabei findet während der Pandemie die komplette Lehre über die Lernplattform Moodle als E-Learning-System und das Plugin BigBlueButton statt. Im WS 2021/2022 findet die Live-Veranstaltung (weitgehend durchgängig) einmal pro Woche über Moodle und zusätzlich einmal pro Woche in Persona vor Ort an der htw saar statt.

In den regelmäßig stattfindenden Lehrveranstaltungen stellen die Studierenden die Ergebnisse ihrer aktiven Lernphase vor. Dabei werden mögliche Antworten der Leitfragen umfassend diskutiert und von den Dozierenden weitere, nicht allzu offensichtlich erscheinende Wissenslücken geschlossen oder kleinere Logikfehler behoben. Abschließend werden die Übungsaufgaben von den Studierenden vorgestellt und von Dozierenden auf etwaige Problemstellen, häufige Fehler und Interpretationsspielräume hingewiesen. Auf diese Weise erfolgt eine größtmögliche Einbindung der Studierenden in das Lerngeschehen, wodurch auch die Akzeptanz der Kursteilnehmerinnen und Kursteilnehmer für das Lehrkonzept steigt.

> ➤ **Tipp** Gerade im Blended Learning-Ansatz ist es wichtig, bei den zeitlich reduzierten Präsenzveranstaltungen die Studierenden bzw. die Schülerschaft mit einzubeziehen. Das stärkt die Akzeptanz des Formats bei den Lernenden, für die die Präsenzzeiten vor allem auch die persönliche Kontaktmöglichkeit zu den Lehrenden darstellen.

---

[6] Moodle (o. J.). Onlinequelle.

Erfahrungen und Ausblick

6

Pandemiebedingt wurde der Kurs zur Kostenrechnung im Wintersemester 2020/2021 erstmalig im Bachelorstudiengang Wirtschaftsingenieurwesen an der htw saar in dieser Form durchgeführt. Das Dozierendenteam begrüßte dazu überraschend viele Teilnehmerinnen und Teilnehmer im Kurs, nämlich 135. Üblicherweise nehmen an dieser Lehrveranstaltung lediglich 50 bis 70 Studierende teil. Ein Jahr vor der Pandemie gab es sogar nur 48 Prüfungsteilnehmer, wie in Abb. 6.1 zu sehen ist.

Von den 135 Studierenden im WS 2020/2021, die mit einem Anteil von fast 90 % an der Prüfung teilgenommen haben, konnten über 90 die Prüfung erfolgreich absolvieren. Auch diese Quote ist etwas besser als der Durchschnitt der Vergangenheit, wobei darauf hinzuweisen ist, dass auch in der Vergangenheit bereits das selbstständige Arbeiten der Studierenden im Kurs forciert wurde. Abb. 6.2 zeigt einen Auszug aus dem Notenspiegel, der das gute Ergebnis belegt.

Die Erfahrungen mit diesem Kursformat widersprechen auch der Tendenz in vielen anderen Fächern, bei denen die Dozierenden weniger Teilnehmerinnen und Teilnehmer als üblich beobachten konnten. Diese Beobachtung erstreckt sich sowohl auf das Veranstaltungsangebot als auch auf die Prüfungsteilnahme.

Studentisches Feedback

Aus Gesprächen mit Studierenden konnten zudem folgende Merkmale zur Kursgestaltung herausgearbeitet werden:

- Gesteuertes Selbststudium ist in Gruppen effizient und bei Studierenden beliebter. Viele Studierende empfanden es als stressig, alle Lösungen selbst erarbeiten zu müssen und wünschen sich mehr Teamarbeit.

S. Georg, *Möglichkeiten zur E-Learning-gestützten Lehre*, essentials, https://doi.org/10.1007/978-3-658-36821-0_6

Notenspiegel
Prüfungsfach: Kostenrechnung / Modul-Nr.: WIBASc315

Mögliche Teilnehmerzahl: 105
Wegen Nichtteilnahme nicht bestanden: 20
Tatsächliche Teilnehmerzahl: 48 ==> 45.71 %, Durchschnittsnote: 3.05

Abb. 6.1 Notenspiegel im WS 2019/2020

- Studierende versuchen, möglichst wenig in die Bibliothek zu „gehen" und physische Bücher zu nutzen. Auch deshalb wurde die Angabe von Links zu Internetquellen begrüßt.
- Die live-Veranstaltungen dürfen in keinem Fall wegfallen und verhindern ein zu großes (Corona-bedingtes) Motivationsloch. Ziel ist es also nicht, ein Fernstudium anzubieten, sondern die Vorteile von Präsenzlehre und E-Learning-Lehre miteinander zu verbinden.

Herausforderungen
Darüber hinaus ergeben sich weitere wichtige Herausforderungen für die Dozierenden und Lernende:

- Die Anerkennung geleisteter Lehrstunden als digitale Arbeitsleistung der Dozierenden verursacht immer noch Probleme. Obwohl die geleisteten Stunden die Vorgaben der Lehrverpflichtungsordnung überschreiten, entspricht keine einzige geleistete Arbeitsstunde exakt einer im Vorlesungssaal geleisteten Stunde. Dies führt prinzipiell zu Abrechnungsproblemen, die in diesem Fall nur deshalb vermieden werden konnten, weil das Konzept zuvor ausdrücklich genehmigt wurde.
- Obwohl jeder Studierende gefühlt ein Smartphone oder Tablet besitzt, fehlt überraschenderweise bei vielen Studierenden technisches Grundverständnis, wodurch gerade zu Beginn der Veranstaltung viel Nacharbeit der Dozierenden notwendig war, um sich im E-Learning-System zurechtzufinden.
- Das neue Format mitsamt dem großen (inhaltsreichen) Moodle-Kurs wirkte zu Beginn abschreckend. Studierende hatten die Befürchtung, dass die aus anderen Studiengängen und von Freunden bekannten und recht „lockeren" Kostenrechnungsveranstaltungen nun deutlich anstrengender werden.

Entwicklungschancen
Zukünftig kann das Konzept noch weiter ergänzt bzw. verfeinert werden.

Notenspiegel
Prüfungsfach: Kostenrechnung / Modul-Nr.: WIBASc315

Mögliche Teilnehmerzahl: 135
Wegen Nichtteilnahme nicht bestanden: 0
Tatsächliche Teilnehmerzahl: 120 ==> 88.89 %, Durchschnittsnote: 3
davon bestanden: 94 ==> 78.33 %, Durchschnittsnote: 2.44
davon nicht bestanden: 26 ==> 21.67 %, Durchschnittsprozente: 6.65 %

Note	Anzahl	Prozent (Sum. TN)
1.2	1	0.83 %
1.3	1	0.83 %
1.4	1	0.83 %
1.5	6	5.00 %
1.6	3	2.50 %
1.7	1	0.83 %
1.8	7	5.83 %
1.9	10	8.33 %
2.0	5	4.17 %
2.1	7	5.83 %
2.2	2	1.67 %
2.3	3	2.50 %
2.4	4	3.33 %
2.5	6	5.00 %

Abb. 6.2 Auszug aus dem Notenspiegel

- Moodle bietet die Möglichkeit, Badges (digitale Zertifikate zur Gamification) als Anerkennung der bisherigen Leistungen zu verleihen. Dies könnte die Motivation der Lernenden weiter erhöhen.[1]

---

[1] Moodle (2021). Onlinequelle.

- Themenverwandte Inhalte aus dem kompletten Bereich Rechnungswesen können als Exkurs in Schrift- oder Videoform zur Verfügung gestellt werden. Dies zeigt zusätzlich die Verflechtungen und Relevanz des Themas Kostenrechnung.
- Die Bearbeitungszeit für Einsendeaufgaben aufseiten der Dozierenden könnten sich durch standardisierte Feedbacks reduzieren. Gerade bei gängigen Fehlern müsste nicht immer wieder dieselbe Erklärung händisch abgetippt werden.
- Moodle bietet die Möglichkeit, die gestellten Aufgaben in gewissen Grenzen zu randomisieren. Das ist insbesondere dann von Bedeutung, wenn das E-Learning-System auch zur Prüfungsabwicklung genutzt werden soll.
- Die Studierenden könnten bereits im ersten Studiensemester mit den technischen Möglichkeiten der Lehre bekannt gemacht werden, sodass gerade zu Beginn des Kurses weniger technische Probleme entstehen.

Weitere Innovationen werden sicherlich nicht ausbleiben. Denn die Entwicklungen im Bereich der Lehre zu mehr digitaler Excellenz sind nicht aufzuhalten.[2]

Synchrone und asynchrone Elemente
Das vorgestellte Lehrkonzept ist eine Variante des Blended Learnings. Die synchronen In-Persona-Veranstaltungen (konzipiert als Übungsveranstaltungen über den BigBlueButton oder in Präsenz vor Ort an der htw saar) werden dabei durch die asynchronen Online-Elemente (Lernvideos, Learning-Snacks, Einsendeaufgaben) ergänzt.

Die asynchronen Online-Elemente ersetzen den Vorlesungsteil der Lehrveranstaltung. Die aus Sicht der Dozierenden freiwerdende Lehrzeit (Die Videos und Learning Snacks müssen nur einmal erstellt werden und sind danach dauerhaft wiederverwertbar.) wird genutzt, um die Einsendeaufgaben individuell zu korrigieren und Feedback zu geben, sodass eine **individuelle Betreuung der Studierenden** möglich wird.

Das bestehende Konzept kann sowohl während Pandemiezeiten rein online als auch nach der Pandemie mit allen Übungsstunden offline durchgeführt werden. Im Wintersemester 2021/2022 findet derzeit eine Mischform statt, in der jeweils eine Veranstaltung online und eine offline im Vorlesungssaal stattfinden soll.

Nachhaltigkeit des Angebots
Letztlich ist das Konzept sehr gut (auch für die Anwendung in anderen Studiengängen) skalierbar, in denen Kostenrechnung gelehrt wird, da in jedem Moodle-Kurs

---

[2] Zu weiteren Innovationen in der Lehre siehe auch Frey, D. und Uemminghaus, M. (Hrsg.) (2021). Innovative Lehre an der Hochschule.

alle Videos oder Einsendeaufgaben auch nur für diejenigen sichtbar geschaltet werden können, die sie thematisch betreffen. Damit lässt sich der Kurs kopieren und dann in Moodle für andere Gruppen individualisieren. Die dadurch freiwerdenden Lehrkapazitäten können dann für die individuelle Betreuung der Studierenden oder der Schülerschaft genutzt werden, wodurch sich die Quoten des Nichtbestehens von Prüfungen reduzieren lassen sollten.

Außerdem ist das Konzept unabhängig von der Prüfungsform geeignet, funktioniert mit einem open book exam[3] ebenso wie mit einer klassischen Klausur. Die Einsendeaufgaben können jederzeit auf die entsprechende Prüfungsform passend zugeschnitten werden.

Zudem ist denkbar, den Kurs durch Inhalte zu ergänzen, die nur für eine bestimmte Zielgruppe relevant sind. So benötigt ein Bauingenieur spezielle Kenntnisse zur Baukalkulation, die für einen Wirtschaftsingenieur weniger relevant sind; beide Gruppen bauen ihr Wissen aber auf identischen Grundlagen zur Kostenrechnung auf.

Das bestehende Konzept ist geeignet, auch in anderen Lehrveranstaltungen genutzt zu werden, insbesondere wenn Grundlagenwissen zu vermitteln ist. Zwar bereitet die Aufnahme der Lernvideos zunächst viel Mühe, und sicherlich sind die Lernvideos auch immer mal wieder durch „bessere" Videos zu ersetzen und um weitere zu ergänzen, nach Fertigstellung der Videos stehen diese aber dauerhaft zur Verfügung und können prinzipiell sogar studiengangübergreifend genutzt werden. So kann auf Dauer Arbeitszeit (Lehrzeit) eingespart werden, die sich für die individuelle Betreuung der Studierenden im Kurs nutzen lässt.

Darüber hinaus ist das Konzept auch dann anwendbar, wenn (eigentlich) wieder alle Lehrveranstaltungen vor Ort an der Hochschule stattfinden, sofern für das Dozierendenteam die Möglichkeit geschaffen wird, zumindest teilweise (dauerhaft) synchrone Vorlesungsveranstaltungen durch asynchrone Lernvideos und individuelle studentische Betreuung über Feedbackaufgaben zu ersetzen. An Schulen wird dies sicherlich nicht (so schnell) möglich sein, aber moderne Hochschulen sollten sich diesem Gedanken in Zukunft verstärkt öffnen. Auch die Politik ist an dieser Stelle gefordert, da sie das Hochschulrecht entsprechend anpassen bzw. die Lehrverpflichtung entsprechend interpretieren muss.

Kompetenzen

Bei den vermittelten Kompetenzen geht es also nicht nur um Fachwissen (im Bereich Kostenrechnung) selbst, sondern auch um die Verbesserung der Fähigkeit, sich

---

[3] Hinweise zu open book exams finden Sie bspw. auf: Freie Universität Berlin (o. J.). Onlinequelle.

mit Unterstützung durch Dozierende in neue Fachthemen einzuarbeiten und neu erworbenes Wissen dann auch anzuwenden (z. B. in den Feedbackaufgaben). Damit wird die Selbstständigkeit des Wissenstransfers gesteigert und das erworbene Wissen bleibt länger erhalten. Auch die digitale Kompetenz der Studierenden und die Fähigkeit zur Selbstorganisation werden gestärkt.

Die Lernvideos bieten den Vorteil, dass sich die Studierenden die Lehrinhalte immer wieder über die Videos ansehen und anhören können, wohingegen eine einmalige Lehrveranstaltung vor Ort diese Wiederholungsmöglichkeit nicht gewährleistet. So wird auch die Fachkompetenz der Kursteilnehmerinnen und Kursteilnehmer wachsen.

Auszeichnung
Das Lehrprojekt wurde im Rahmen des „Ausgezeichnete Lehre"-Wettbewerbs am Tag der Lehre 2021 vorgestellt. Der Vizepräsident für Studium, Lehre und Internationalisierung an der Hochschule für Technik und Wirtschaft des Saarlandes, Prof. Dr. Andy Junker, fördert als Vertreter der Hochschulleitung das Projekt mit einer kleinen Budgetzuweisung zur Verwendung in der Lehre und dankt für den außerordentlichen Einsatz zur Verbesserung der Lehre an der htw saar.

Was Sie aus diesem *essential* mitnehmen können

- E-Learning-Komponenten sind auch in der Präsenzlehre nutzbar.
- Es lassen sich mittels einfacher Methoden gut konzipierte Ansätze für die E-Learning-gestützte Lehre aufbauen.
- Es existieren viele (alternative) Tools, die sich für die Online-Lehre einsetzen lassen, sodass der Lernerfolg der Kursteilnehmerinnen und Kursteilnehmer optimiert wird.
- Auch das Dozierendenteam, seien es Hochschullehrerinnen, Hochschullehrer, Schullehrerinnen oder Schullehrer, lernen durch den Einsatz von E-Learning-Komponenten in der Lehre dazu.

Quellenverzeichnis

Bohlken, J. (2018). Onlinequelle. Selbstorganisation im Studium. Erreichbar unter: https://www.profiling-institut.de/selbstorganisation-im-studium/. Abruf am 01.12.2021.

Epp, A. (2020). Onlinequelle. Quiztools im Unterricht. Erreichbar unter: https://www.ein fach-lehrer.de/quiz-unterricht/. Abruf am 16.11.2021.

Freie Universität Berlin (o. J.). Onlinequelle. Prüfungsformen computergestützter Prüfungen. Erreichbar unter: https://www.e-examinations.fu-berlin.de/e-examinations/pruefungsfor men/index.html. Abruf am 04.11.2021.

Frey, D./Uemminghaus, M. (Hrsg.) (2021). Innovative Lehre an der Hochschule. Springer VS, Wiesbaden.

Georg, S. (o.J. a). Onlinequelle. Kostenrechnung. Erreichbar unter: https://drstefangeorg.de/hochschulveranstaltungen/kostenrechnung/. Abruf am 10.11.2021.

Georg, S. (o.J. b). Onlinequelle. Vorlesung Kostenrechnung. Erreichbar unter: https://www.wiin-kostenmanagement.de/vorlesung-kostenrechnung/. Abruf am 17.11.2021.

Georg, S. (2018). Das Taschenbuch zur Kostenrechnung. Epubli, Berlin.

Gloerfeld, C. (2020). Auswirkungen von Digitalisierung auf Lehr- und Lernprozesse. Springer FS, Wiesbaden.

Hochschule für Technik und Wirtschaft des Saarlandes (2019). Onlinequelle. Moodle kommt! Erreichbar unter: https://htwsaar-blog.de/blog/2019/02/25/moodle/. Abruf am 17.11.2021.

Hochschule für Technik und Wirtschaft des Saarlandes (2021a). Onlinequelle. Einführung für alle Erstsemesterstudierende. Erreichbar unter: https://www.htwsaar.de/studium-und-lehre/vor-dem-studium/brueckenkurse/angebote-auswahl/zentrale-einfuehrung-fuer-alle-erstsemesterstudierende/zentrale-einfuehrung-fuer-alle-erstsemesterstudierende. Abruf am 19.11.2021.

Hochschule für Technik und Wirtschaft des Saarlandes (o. J. a). Onlinequelle. Lernplattform. Erreichbar unter: https://www.htwsaar.de/elearning/systeme-und-services/moodle/moodle. Abruf am 24.11.2021.

Hochschule für Technik und Wirtschaft des Saarlandes (o. J. b). Onlinequelle. Wirtschaftsingenieurwesen B.Sc. Erreichbar unter: https://www.htwsaar.de/studium-und-lehre/studie nangebot/studiengaenge/wirtschaftsingenieurwesen_bachelor. Abruf am 20.11.2021.

Hochschule für Technik und Wirtschaft des Saarlandes (o. J. c). Onlinequelle. Prof. Dr. Stefan Georg. Erreichbar unter: https://www.htwsaar.de/wiwi/fakultaet-und-personen/pro file/georg-stefan/stefan-georg. Abruf am 27.11.2021.

Hochschule für Technik und Wirtschaft des Saarlandes (o. J. d). Onlinequelle. Alexander Hamman. Erreichbar unter: https://www.htwsaar.de/wiwi/fakultaet-und-personen/pro file/hamman-alexander. Abruf am 27.11.2021.

Hochschule für Technik und Wirtschaft des Saarlandes (o. J. e). Onlinequelle. Dipl.-Betr.wirtin (FH) Stefanie Scherer. Erreichbar unter: https://www.htwsaar.de/wiwi/fakult aet-und-personen/profile/scherer-stefanie. Abruf am 27.11.2021.

Hochschulforum Digitalisierung (Hrsg.) (2021). Digitalisierung in Studium und Lehre gemeinsam gestalten. Springer VS, Wiesbaden.

Kiendl-Wendner (2016). Die Qualität der Hochschullehre und deren Messung, S. 243–261, in: Steirische Hochschulkonferenz. Qualität in Studium und Lehre. Springer VS, Wiesbaden.

Kuhn, T. (2021). Onlinequelle. So lässt sich der Stress vorm Monitor mindern. Erreichbar unter: https://www.wiwo.de/technologie/digitale-welt/zoom-muedigkeit-so-laesst-sich-der-stress-vorm-monitor-mindern/26957552.html. Abruf am 02.12.2021.

Learnattack (o. J.). Onlinequelle. Mit Videos lernen – Vor- und Nachteile von Lernvideos. Erreichbar unter: https://learnattack.de/magazin/mit-videos-lernen/. Abruf am 01.12.2021.

Learningsnacks (o. J. a). Onlinequelle. Erreichbar unter: https://www.learningsnacks.de/#/welcome?channel=Learning%20Snacks. Abruf am 15.11.2021.

Learningsnacks (o. J. b). Onlinequelle. Strömungsgrößen. Erreichbar unter: https://www.lea rningsnacks.de/share/90948/. Abruf am 14.11.2021.

Moodle (o. J.). Onlinequelle. BigBlueButton. Erreichbar unter: https://moodle.com/de/certif ied-integrations/bigbluebutton/. Abruf am 27.10.2021.

Moodle (2019). Onlinequelle. Was ist Moodle? Erreichbar unter: https://docs.moodle.org/ 311/de/Was_ist_Moodle. Abruf am 15.11.2021.

Moodle (2020a). Onlinequelle. Gruppen. Erreichbar unter: https://docs.moodle.org/311/de/ Gruppen. Abruf am 28.11.2021.

Moodle (2020b). Onlinequelle. Kurzanleitung zu Tests. Erreichbar unter: https://docs.moo dle.org/39/de/Kurzanleitung_zu_Tests. Abruf am 28.11.2021.

Moodle (2021). Onlinequelle. Badges. Erreichbar unter: https://docs.moodle.org/311/de/ Badges. Abruf am 27.10.2021.

Online Schule Saarland (o. J.). Onlinequelle. Die Lernplattform. Erreichbar unter: https://onl ine-schule.saarland/ueberblicken/lernplattform/. Abruf am 25.11.2021.

Quade, S. (2017). Onlinequelle. Blended Learning in der Praxis: Auf die richtige Mischung aus Online und Präsenz kommt es an. Erreichbar unter: https://hochschulforumdigitalisi erung.de/de/blog/blended-learning-praxis. Abruf am 27.11.2021.

Ruhrfutur (2021). Onlinequelle. Spielerisch lernen mit Learningsnacks und LearningApps. Erreichbar unter: https://www.ruhrfutur.de/veranstaltungen/spielerisch-lernen. Abruf am 12.11.2021.

Schul-tech (o. J.). Onlinequelle. Learning Snacks. Leckere Lernhäppchen für zwischendurch. Erreichbar unter: https://schultech.de/learning-snacks/. Abruf am 20.11.2021.

Steirische Hochschulkonferenz (2016). Qualität in Studium und Lehre. Springer VS, Wiesbaden.

Stöhler, C. (2018). Onlinequelle. Projektmanagement an Hochschulen. Erreichbar unter: https://gpm-hochschulen.de/lehre/qualitaet/. Abruf am 18.10.2021.

Techsmith (o. J.). Onlinequelle. Camtasia. Erreichbar unter: https://www.techsmith.de/camtasia.html. Abruf am 15.11.2021.

Unterweisung Plus (o. J.). Onlinequelle. Arbeitsanweisung. Erreichbar unter: https://www.unterweisung-plus.de/arbeitsanweisung/. Abruf am 27.10.2021.

Printed in the United States
by Baker & Taylor Publisher Services